# はじめての後輩指導

知っておきたい育て方30のルール

田中淳子
Tanaka Junko

はしがき

# 部下や後輩は上司や先輩の鏡

「新入社員が配属になるので一年間、面倒をみてくれないかな」
「今度、他部署から異動してくる中堅社員の指導担当になってもらえる？」
「リーダーに任命します。ぜひできるメンバーを育ててください」

ある日突然、上司からこんなふうに言われたら、みなさんはどう感じますか。「え、新人の育成指導の担当者になるの。嫌だなあ」という人もいれば、「うーん、仕事だからしょうがないよな」という人も、あるいは「わあ、メンバーの育成を担当できるの。やったー。一度やってみたかったんだ」という人もいるかもしれません。自信がない、不安だと思う人、楽しみにしている、手放しでうれしいという人、いろいろいることでしょう。

私自身はどうかというと、二十代の頃、毎年入社してくる新入社員の育成指導担当になることが楽しみで仕方ありませんでした。最近は新入社員の育成を担当することはなくなったものの、いまでも同じチームに配属されるさまざまな年齢の中堅やベテランメンバーの育成指導には携わっています。

チームのリーダーとして多くのメンバーをみるようになると、部下や後輩を教え育てることは楽しさばかりではなく、大変さや苦しさがあることも理解できるようになりました。特に人を教え、育てることは、自分のことをよく考え、よく見つめるきっかけになるということを最近はひしひしと感じるようになりました。しかしまた、教え育てることで自分自身も大きく成長できたということを実感しています。

人に何かを教えたり、後輩を育てたりするなかでは、単に相手と向き合うだけでなく、自分自身と深く向き合うことを求められます。たとえば、「これはこういうふうにやってください」と部下や後輩に指示したとします。それに対して、「どうしてそのやり方がいいのですか?」と聞かれたらどうでしょうか。それが長い間続いてきたものであっても、なぜそのやり方がいいのか、自分で考え、答えなければなりません。「こうしたほうがよい」「これが正しいやり方だ」と人に教えるには理由や根拠、あるいはそのやり方に至るまでの経緯や背景までをも深く明確に理解しておくことが必要です。教えるために学び直さなければならない場合もあります。それにより自分もまた飛躍できるのです。

仕事の中身だけではありません。ものの見方や考え方、たとえば顧客満足をどのように提供するかとか、品質をどう捉えるかとか、仕事をする上での心構えのようなものを部下や後輩に教えている最中に、ふと自分が何にこだわって生きているか、何を大切にして仕事をしているのかを改めて思い知らされることもあります。

（そうか。私はこういうことが好きで、こういうことが嫌いなんだ）

（私にとっては、こういう考えはOKで、こういう考え方は受け入れがたいものなんだ）

と、部下や後輩に話しながら、自分を再認識したり、新発見したりすることもあります。

そうするとまた、自分がそういう考え方やものの捉え方をするようになった経緯を辿ることになり、自分自身を振り返ることになります。

（そうだ。上司にきびしくいわれたから、私もそういう考え方をするようになったんだ）

（以前、お客様から指摘されて以来、これについては気をつけている）

と、自分に向き合うことになります。

そうして気づくのは、自分も多くの人に育てられてきた、いろいろな人から仕事をするための基本的能力や応用力などを教えられてきたということです。

今度は、あなたが部下や後輩を指導する番です。

部下や後輩の仕事ぶりをみると、自分が何を教え、何を伝えてきたかがまるで鏡をみるように明らかになります。「子は親の鏡」という言葉がありますが、それを借りていうなら、「部下や後輩は上司や先輩の鏡」です。

教え育てるためには、忍耐力も必要になります。思ったとおりにいかないとき、なかなか理解してもらえないとき、「なぜ?なぜ?」「どうすればわかってくれるの?」と戸惑うこともあるでしょう。その際は、自分の精神力や人間としての器の大きさのようなものも測ることもできます。つまり相手の力を高めるだけでなく、自分の力を高めてくれるのが、教え育てる行為です。相手をよく観察し、相手に合わせて工夫するなどで、教えるスキルが高まるだけでなく、自分を改めて観察し、自分のあり方を振り返ることで、間違いなく、自分が成長できるのです。

そうやって苦労して育てた部下や後輩が、お客様から「彼はいい仕事をするね」「次回もぜひ彼女に担当してほしい」などとおほめの言葉をいただいたり、他部署から「いい部下が育っていますね」などと認められたりするときは、この上ない喜びを感じることができます。部下や後輩に負けないよう、自分もさらに努力しなければといっそう奮起することにもなります。後輩指導を通じて、そんな相乗効果を生み出せたら最高です。

この本では、教えるためのスキルやテクニックをまとめました。理詰めにせず、実際に私自身が体験したり見聞したりしたエピソードを散りばめながら、解説するスタイルをとりました。むずかしい考えや方法よりも、だれでもできること、気負わずに日々実践できることを中心にしたつもりです。いま後輩を指導する立場になって、教えることが楽しみだと感じている方にも、不安だと思っている方にも、ともに役立つと内容だと信じています。

最後に本書の企画から出版に至るまでのサポートをしてくださった経団連出版の金井功さんには大変お世話になりました。長年の同僚である川村文さんには、いつも応援していただき、勇気づけられています。この場を借りて、お二人に深く感謝します。

二〇〇六年八月

田中　淳子

# 目次

表紙デザイン・本文レイアウト　斉藤重之

# I

# 後輩指導・チーム運営の基本

# 1 後輩を育てれば自分も成長できる

はじめて部下や後輩をもったマネジャーやリーダー、先輩の人たちが抱える悩みは、なんといってもメンバーをいかに育てるか、チーム力をいかに高めるかです。モチベーションの維持をはかりながら、求められる結果を出していく。そのために部下や後輩とどう付き合いながら指導していくかを試行錯誤しています。多くのマネジャーやリーダーの人たちに聞くと、部下や後輩に対しては、「なんでも相談するのではなく、自分で工夫して取り組んでほしい」「次にやるべきことを自分で考えて、動いてほしい」という思いをもっています。

ところが一方で、同じマネジャーやリーダーの人から、「自分がやったほうが早い」「育てている暇がない」といった言葉も洩れてきます。部下や後輩に育ってほしいと願ってはいるものの、そのために自分の時間を割いて教え育てる時間の余裕も心の余裕もないというところなのでしょう。

確かに部下や後輩を育成するのはとてもやっかいで時間がかかります。新入社員を育てる場合には、仕事を細かく一つひとつを教え込んで理解させ、させてみて、フィードバックすることを繰り返す必要があり、相当のエネルギーを費やさなければなりません。中堅社員や中途採用者であれば、一人ひとりの個性や能力を考慮しながら対応しなければならないというむずかしさがあります。基本的な職務遂行力があり、経験もプライドもある人に何をどこまで教えればよいのか。丁寧に教えすぎれば、「そのくらいはわかっています」と反発されるかもしれないし、大丈夫だろうと放置していたら、実は何もわかっていなかったということにもなりかねません。メンバーの主体的な努力をうまく引き出しながら、方向づけをして、しかもよい結果や成果が得られるよう支援していく手加減が大変むずかしいのです。

それでも、マネジャーやリーダーがメンバーを育てていくことには意味があります。部下を育成すれば、自分が担当していた仕事は任せられるようになるので、自分はさらに新しい仕事、むずかしい仕事に挑戦することができるからです。メンバー一人ひとりの成長だけでなく、チーム全体の力を向上させることにもつながるのです。

部下や後輩を育てるためには、まず「抱え込み症候群」から早く脱皮しなければなりません。抱え込み症候群とは、自分でやったほうが安心だし早いと考えて、なんでも自分でやってしまうことです。部下にやらせるにはまわりに迷惑をかけるかもしれない。そう考えてしまうと抱え込み症候群になります。

抱え込み症候群を治すには、自分のほうがうまくできるという気持ちをきっぱり振り切らなければなりません。とにかく「決心する」ことです。

「部下に任せよう」「後輩にやらせてみよう」と決めないかぎり、部下や後輩を育てることはできません。上司であるあなたも最初からうまくできたわけではありません。部下や後輩もきっとできるようになります。とにかく意を決して育てるしかありません。

私の体験です。私は、現在の専門分野にかかわる仕事を自ら開拓するようにしてやってきました。かなり長い間、一人で仕事をこなしていましたが、あるとき上司から、「そろそろメンバーを増やそう」と提案されました。

忙しさが半減するのはうれしいと思ったものの、後輩は私と同じようにできるだろうか、お客様に提供するサービスの質が下がったらどうしようかと不安でした。自分ならうまくできるけれど、後輩は私と同じレベルではできないのではないかと、妙な自信が邪魔をして、増員して後進を育成することには内心、抵抗がありました。

そんな複雑な思いを先輩に伝えたら、こんな言葉が返ってきました。

「気持ちはわかるけど、いまのままでいいの？　田中さんが上手にできるというのはわかるけれど、いつまでも同じ仕事を抱え込んで手放さないということにならない？」

自分が手がけてきた仕事に対する思い入れが強すぎて、後輩を育てて組織全体の力を上げるという意識が欠けていたことに気づかされました。自分のほうがうまくできるという自負は自負として心に秘め、私と同じ仕事ができる後輩をうまく育ててみようと思うようになりました。


育てようとすることで、みえてくるものがたくさんあります。たとえば、自分にとってとても簡単なことでも、相手になかなか理解してもらえないことがあると気づきます。物事を理解するにもスタイルがあって、個人によってそれは異なるのだとわかります。したがってこの方法がだめならば、今度はこちらの方法で説明しようと、教えるためにはさまざまな工夫が求められます。口頭で説明したけれど理解されなかったので、今度は、紙に絵を描きながら説明しようというように、いろいろな角度からいろいろな方法を使い分けていくことも学びます。

教えることを通じて、自分でもよく理解していなかったと気づくこともあります。教えるためには曖昧なところ、理解の不十分なところがないように勉強しなければなりません。勉強することで、自分の知識やスキルがまた上がるのです。

「それはわかるけれど、努力してつかみ取った知識やスキルをそう簡単に教えたくない」

そう思う人もいることでしょう。確かに、せっかく努力をして身につけた知識や技術を簡単に教えたら割に合わないし、教えた結果、相手が自分を超えてしまったらどうしようと不安に駆られる人がいるかもしれません。しかし、そんなに簡単に超えられてしまうのであれば、大切に思っているその知識や技術は大したものではありません。遅かれ早かれ、だれかに教わるか、本人の努力によって獲得されてしまうはずです。そうであれば、育成すべき後輩をもったとき、あの先輩は、どんなことでもなんでも教えてくれる。それなのに、いつまでも追い抜くことができないと思われる人になりたいではありませんか。実は、教え育てるからといって自分の知識や技術が減るのではなく、かえって増えていき、自分自身も成長する機会が得られます。後輩だけでなく、チームのためにも、自分のためにも、後輩指導に熱意をもって取り組みたいものです。

## 2

# 信頼感がなければ何事もうまくいかない

部下や後輩を育てるためには、「信頼関係」を築くことが大切です。上司がどれほど指導のために真剣になったとしても、部下や後輩との間に信頼関係がなければ、聞く耳をもってもらえないからです。「この人の言うことだから取り組もう」「先輩の教えだから守らなければ」と思われるための土台となるのは信頼関係です。

信頼関係をつくるには二つのポイントがあります。第一は、あらゆる機会をとらえて部下と話をすることです。信頼関係は、普段のコミュニケーションの善し悪しで決まってきます。まずは、部下との頻繁なコミュニケーションを心がけ、直接、言葉をかわす機会を増やすことが必要です。

上司は忙しく、会議や外出などでなかなか部下と話す機会をもてないのが常ですが、それでもなんとか時間をつくり、部下一人ひとりと向かい合って話をする。会議や面談などはもとより、朝の挨拶をする。日中すれ違ったら一言、二言声をかける、雑談をする。そうしたちょっとした会話の総量で相手との基本的な関係が決まってきます。

「新しい上司がきたけど、会議以外ではまったく言葉をかわさない。タバコを吸っていても話したことがないし。だから、どんな人間かなんてわかるはずもないですよ」

そんなふうに言っている若手の声を聞いたことがあります。部下から話しかければいいじゃないかと思うかもしれません。でも、部下からは話しかけにくいものです。日常のコミュニケーションを円滑にして相互理解を深めていくのは上司の役割です。

ある上司の例です。その上司は、オフィスを歩くとき、いつも違ったところを通ります。朝から夕方まで、部下のいる席の合間を縫うようにして自席に戻ります。そこを通らなくてもいいのにと思うような場所も、部下が座っているところはくまなく通ります。朝、出社したら一列目、会議にいく際は二列目、という具合です。そして通り抜ける際には、「お、髪型変えたね」「きょうはまた、外出なの?」「この間のメール、ありがとう」などと、ちょこちょことさりげなく一言、声をかけます。

この上司は、一日のうちに必ず、部下全員と言葉をかわすことを心がけているそうです。それができるのは、彼の社交的な性格によるところもありますが、それ以上に、メンバーと会話する時間を増やそうとする本人の意志のほうが大きく影響しているようです。しょっちゅう話しかけてくれる上司に、部下は親近感を覚えます。上司と部下との間にいつの間にか壁がなくなります。人はよく顔を合わせ、接触する頻度が高まれば親しみが増し、好意を持ちあうという関係になります。部下から話しかけられるのを待つばかりでなく、自分から部下や後輩に近づき、雑談でもなんでも、話しかける。会話をするようになれば、人となりがつかめるし、自分のことも部下に伝わります。こうして信頼関係が醸成されていきます。

信頼関係を築くための二つめのポイントは、「約束」を守ることです。約束を守ることはビジネスマナーの基本中の基本で、ことさらにいうべきことではありませんが、案外、無頓着な上司が多いものです。

一般に職位が上がれば上がるほど、仕事も人との付き合いも増えていきます。部下をもつ立場になれば、チーム全体の目配りも必要になります。仕事が増え、部下が増えるほど、約束の数も増えることでしょう。忙しさに紛れて、約束を守るという当たり前のことがないがしろにされることがないよう、気をつけたいものです。

これは、ある若手社員の例です。あるとき、上司の課長に人員補充を頼みました。同じ仕事を担当していた同僚が退職し、以来、一人でやりくりしていましたが、どうしても業務が滞る。速やかに補充をしてくれないと、自分に何かあったときには業務全体が止まってしまう。「困っています。なんとかしてください」と訴えました。上司は、「それは大変だ。早急に手を打とう」といってくれました。

ところが、一ヵ月たっても、なんの動きもみえません。どうなったのだろうと思って上司に尋ねると、「本部長に話している」といわれました。しばらく待ってまた、そろそろかと尋ねると、「あれは本部長に相談しているから」との同じ返答でした。しかし連夜の残業で、やりくりは限界でした。そこで若手社員は、思い切って本部長のところへいき、おそるおそる尋ねました。

「以前から、お願いしている人員補充の件ですが、どうなっていますでしょうか。課長の話では検討してもらっているとのことなので直接、お尋ねするのもへんなのですが……」

「えっ、そんな話まったく聞いていないよ。そういう話があったの？」

本部長は、とても驚いた顔をして、そう答えました。課長は、本部長に何も話をしていなかったのでした。まもなく新しい人が配置され、彼の超多忙な日々は緩和されましたが、この若手社員が課長に対して不信感を募らせるようになったのは当然です。

この課長がどうして「本部長に話している」と答えていたのかは不明です。そのうちに話そうとしてつい取り紛れたのかもしれませんし、あるいはいまの会社の状況では補充は無理だと自分で判断していたのかもしれません。しかし「やる」と言ったのなら、やるべきですし、「できない」なら、できない理由をきちんと伝えて、別の対処策を考える必要があります。部下にとって上司は唯一の頼みの綱です。部下が「助けてくれ」といってきたときに嘘をついてはいけません。

上司と部下とで会話がはずむようになると、いろいろな悩み事や相談事が持ち込まれます。そんな場合に、上司がどういう行動をとるかで信頼感は大きく変わってきます。部下の話をメモしながらよく聞き、後日、「あの件は、人事部に話しておいたからもうすぐ解決するよ」とか、「あれは調べてみたら社内規定上、仕方ないらしいね。申し訳ないが現状の方法でやってくれないか」などと、きちんと部下に報告する。結果がどうであれ、上司が自分のいったことを対処してくれたとなれば、「忘れずにやってくれた」「結果はダメだったけれど、きちんと説明してくれた」と部下は納得感を高めます。

頼りになる上司・先輩だと思われるためには、たとえどんなに小さなことでも、約束したことは確実に守ることが重要です。

## 3 大人扱いされれば大人になるもの

私が大学卒業後、入社したのは外資系のコンピュータ・メーカーで、最初についた職種は「技術教育エンジニア」でした。コンピュータの「コ」の字も知らずに入社したのに、顧客企業のエンジニアにOSについて教える部署に配属されました。顧客向けに有償で開くセミナーの講師を担当できるよう約半年、講義での話し方などを徹底的に仕込まれました。

このとき、先輩が講師としての見本をみせて教えてくれました。驚いたのは、先輩のとても丁寧な言葉遣いと物腰でした。「出席をとります。お名前をお呼びしますので、手をあげてお返事をしていただけますか」「テキストに乱丁や落丁がないかご確認ください」「これまでの内容で、何かわからないことや疑問の点はありますでしょうか」

それまで受けてきた学校教育とは何もかも違う。講師も大人なら受講者も大人。社会人の教育では受講者一人ひとりを一人の大人として扱うのだと目からウロコが落ちました。

「成人教育」という言葉があります。学校教育に対して、社会の実生活を営んでいる大人を対象とした教育のことです。会社の後輩指導や研修も成人教育です。子どもに対する教育と成人に対する教育はどこが違うのか。マルコム・ノウルズというアメリカの教育学者によれば、大人と子どもの教育は次のような点で異なるのだといいます。

①自己概念が違う
大人は、自分が何者で、何が得意で、何がしたいのかなどが明確になっている。

②経験が異なる
経験の広さや深さが異なる。大人の場合は、自分の経験を学習に結びつけやすい。

③レディネスが異なる
レディネスとは学習に対する準備状態のこと。大人のレディネスは年齢ではなく、役割、立場により規定される。

④将来への見通し
子どもは、将来的に必要となるもの、大人は、いますぐ必要としているものを学ぶ。つまり大人は、自分で目標設定ができ、経験を生かしながら学ぶ。役割や立場によって学ぶ内容が決まり、常に現状の課題を解決することが目的となっている。こんなことを知

っておくだけでも、部下や後輩を教えるためのヒントになるはずです。

大人扱いする必要があるのは、日常の職場においても同じです。部下や後輩は、たとえ新入社員であっても立派な大人です。相手を尊重し、敬意を示すことが必要です。だれでも大人扱いされれば気持ちがよいもので、誇りを感じたり、評価されたと感じたりして、やる気も出ます。その意味で、部下や後輩を「Aくん」「Bちゃん」などと呼んだり、「あの子たち」「うちの子が」などと言ったりするのはよくありません。大人として認めていないことになるからです。指導する側、される側、どちらも地位や性別にかかわりなく、互いに尊敬の念をもって接することが求められます。

はじめて部下をもったけれど、後輩とは年齢が近く、これまでも仲よくしてきたので、どうやって接したらよいのかわからないという相談を受けることがあります。仲がよいことは大切ですが、なあなあの付き合いは避けるべきです。場合によっては、そのことが後輩に甘える余地まで与えてしまうことにもなりかねません。特に指導や教育をするときは、きちんと真面目に取り組むべきです。会社では、上司は部下に仕事を与え、部下は上司の指示や命令に従うことが期待されています。それぞれがその役割に期待された行動をとることで組織は動いているからです。

仕事は仕事と割り切るために、言葉遣いを変えることでモードを切り替えるのもひとつの方法です。普段はともかく、仕事について話す際はあえて「ですます」で話すのです。そうすることで相手を大人として尊重していること、仕事に関して真面目に教えていることが自然に伝わります。大人扱いされれば、相手も大人の振る舞いをするものです。

私が入社後、最初に配属されたチームには、きびしいと評判の先輩がいました。しかし彼女は、私に説明したり教えたりするときはいつも、丁寧な言葉遣いをしました。「あすの会議のことで打ち合わせしたいと思いますが、時間はありますか」「田中さんはこの部分を担当してください」といった具合です。言葉遣いひとつで、自分が一人前に扱われたように思い、とてもうれしく感じるとともに、背筋がぴんと伸びる気持ちがしたものです。

そうはいっても、日常の職場でいつも敬語を使うわけにはいきません。どうすれば相手を尊重することになるのでしょうか。それには、敬意に欠ける言動をしないことです。立場や年齢は異なっていても同じ職場で働く仲間として一人ひとりを大切にしましょう。部下も後輩も個の確立した大人だということを意識しながら、接するようにしたいものです。

# 4

# 職場の雰囲気は挨拶ひとつで変わる

人を育てるためは、それにふさわしい職場風土が必要です。いうまでもなく互いがギスギスと争っているような殺伐とした雰囲気では、とても人を育てる余裕は生まれません。ビジネスライクな会話以外は言葉を交わさないといった職場環境でも、人が育てられるとは思えません。では、人を育てるための土壌として何が大切なのでしょうか。当たり前すぎると思うかもしれませんが、それはまず「挨拶」と「返事」です。

新入社員が研修を終え、各職場に配属になって最初に戸惑うのは挨拶だといわれます。研修において「元気に挨拶しなさい」「挨拶は人間関係の第一歩だ」と人事や教育の担当者からずっといわれ続けます。きちんと挨拶できるだろうか。そんな思いを抱きながら新入社員は、初出勤の日、なんとか「おはようございます」と声を出してみます。ところが、だれも振り返ってもくれず、返事もしてくれない。もう一度、「おはようございます」と声をかけると、やっと「ん」と返事するだけの先輩がいる。新入社員はあまりのことに驚いてしまう……。

こんな職場もけっしてめずらしくありません。挨拶はコミュニケーションの基本です。きちんと互いに言葉を交わしあい、元気よく仕事をはじめたいものです。帰宅するときも同じです。「お先に失礼します」「お疲れさまでした」などときちんと挨拶する。ちょっとしたことですが、挨拶はよい仕事をするための基盤をつくります。

ある新入社員の話です。

彼が配属された部署では、「おはようございます」だけでなく、「お先に失礼します」「お疲れさまでした」と言ってもほとんど返事が返ってこなかったそうです。こういう経験をしてしまうと、だれでも面倒になってきて挨拶をやめてしまうものですが、この新入社員は朝に夕にひたすら挨拶を言い続けました。そのうち、ついに先輩の一人が「おはよう」と返事をしてくれるようになり、気がついたら職場のみんなが挨拶を自然に交わすようになったそうです。上司や先輩などがではなく、たった一人の新入社員が職場を明るく、活気あるものに変えたのです。

みんなが気持ちよく働ける職場をつくりたいと考えている人は多いことでしょう。「うちの部下たちはきちんと挨拶をしない」「ホウレンソウがなっていない」などと憤慨している上司や先輩が多いのですが、そういう上司や先輩がきちんと笑顔で挨拶をしているかというと案外、していなかったりします。挨拶は部下からすべきだと考え、自分からは積極的に挨拶しない上司もいます。部下が挨拶をしないというなら、自ら率先して挨拶をすればよいのです。挨拶をないがしろにすべきではありません。

職場の雰囲気に影響するもうひとつのポイントは「返事」です。呼びかけられたときにはっきりと「はい」と返事をしているでしょうか。

私が研修で講師を務めるとき、セミナーの初めに出席をとることがありますが、名前を呼んでも返事が聞こえないことがよくあります。若い人でもベテランの人でも、元気よく「はい!」と答えてくれる人はまれです。

職場でも、上司に「〇〇さん、ちょっといい?」などと呼ばれたときに、「はい」と返事をする人は少ないような気がします。黙って振り返るか、「はい」の代わりに「なんですか?」と答える人が目立ちます。もちろん、上司や先輩も部下や後輩から呼びかけられたら、「はい」と気持ちよくさわやかに返事をすべきです。

全身から「不機嫌だ」「忙しいぞ」というオーラを漂わせて仕事をしていて、部下から「ちょっとよろしいですか」と声をかけると、「ん?」と低い声で反応はするものの、ノートパソコンから目と手を離さないような上司が時々います。こんな上司に対して部下はどう思うでしょうか。部下は話しかけるのがだんだんと億劫になります。ついには隣の席に座っていながら、報告も連絡も相談もすべてメールで行なうことになる。返事をしないばかりにそんなことも起こるのです。

職場内の人間関係がよくなければ、気持ちよく働ける職場はつくれません。挨拶や返事は、ささいなことのようにみえますが、人間関係を決定するもっとも基本的な要素です。挨拶や返事は、人間関係においてお互いを大切に思うという言葉であり、態度であり、行動でもあるからです。「ちゃんと挨拶をしてくれない」「返事もしてくれない」という思いは、「自分のことを理解してくれない」「自分を大切に扱ってくれない」という部下の不満にもつながりかねないのです。

職場の雰囲気をよりよくしたいと思ったら、挨拶と返事を大切にしましょう。上司や先輩が自ら見本を示せば、きっと部下や後輩にも浸透していきます。

## 5

# 「常識でしょ」は新人にはタブー

新入社員研修を担当した際、思わず「それは社会人の常識でしょ」と言ったことがあります。

すると、ある新入社員が、「ぼくたちはその社会人の常識がないからこうやって新人研修を受けているんですよ」と笑いながら答えました。もちろんそれは食ってかかってのものではなく、ユーモアをこめた応答でしたが、このやり取りをしながら、社会人の常識というのは長年、働いてきた人にとってのそれであって、新入社員に社会人の常識といっても通用しないのだと改めて気づきました。

以来、若手に「常識でしょ」と言うことはやめました。間違いなく常識だと思えることでも、一応全部説明し、「これは知っていた？」と確認することにしました。するとやはり、そんなことは当たり前だと思うようなことでも、知らないことや思い違いがたくさんあることに気づかされました。

あるとき、新入社員が黒い服を着て出社しました。通夜に行くためのようでした。昼休みになって、彼女は銀行に行くといいました。

「友だちの家で不幸があったので、夕方はお通夜に行かなければならないんです。新札がないので、ちょっといってきます」

「新札って？　香典袋に入れようと思っているの」

「はい、そうです」

「お悔やみの場合は、新札を使わないのがしきたりなのよ。前から準備していたようにみえるのはいけないというのが理由。急なことで駆けつけてきましたというのがお悔やみだから、むしろある程度、折り目がついた古いお札を使ったほうがいいの」

「へぇ～、知りませんでした。どんな場合でも新札にするもんだと思っていました」

彼女は「教えてくださってありがとうございました」と頭を下げました。

これと似たようなことはよく耳にします。特に冠婚葬祭に関しては、マナー違反が目立ちます。先輩や同僚の結婚式に呼ばれた際の祝儀袋の水引は「結びきり」を使うものですが、祝い用ならなんでもいいと、「蝶結び」を使って、知らず知らずのうちに相手に不快感を与えているようなことも少なくありません。

こうしたマナーに関する常識も、体験したことがない人、知らない人には教えるしかありません。もちろん冠婚葬祭だけではありません。さまざまなビジネス常識や慣行も、「それ、常識でしょ」の一言では片付けられないことはたくさんあります。

以前、締め切りを破る常習犯がいました。ベテランの部類に入る彼は、仕事を一生懸命するものの、決められた時間を守るということに関してのみ、どうも意識が働かないようでした。たいてい締め切り日から一日か二日は遅れてしまう。しかも、日時の指定をされたときだけではなく、自分で「この日に出します」と宣言した場合でも、やはり遅れるのです。「締め切りを守るのは常識でしょ」といいたいところでしたが、しばらく様子をみた上で、きちんと話すことにしました。

「締め切りに遅れると、後工程の人にも影響が出る。自分が遅れることで、次の人の作業も遅れる。そうやって全体に遅れが増幅していく可能性があるのですよ。仕事全体がうまく回るようにするためにも、自分で決めた日時は守ってください」

そんな話を聞いたことがなかったのか、彼はちょっと驚いた様子をみせました。意外だったのは、「後の工程にも影響が出る」という観点だったようです。自分の仕事にしか目がいっていなければ、前後の工程の人のことは意識から抜け落ちてしまう。なぜいけないのかがわかった彼は、その後、締め切りを厳守するようになりました。

別の新入社員のケースです。

入社してまだ日が浅く、全員で新人研修を受けているとき、一人の男性の姿がみえませんでした。自宅に電話してみると案の定、まだ布団の中だったらしく、結局、彼は昼前くらいに出てきました。すぐに研修担当のマネジャーと講師にお詫びをし、「あしたは気をつけるようにします」といって席に着いたのですが、その様子をみていた別の新入社員が、真顔でつぶやいたのです。

「遅刻っていけないことなんですか？」

まさに「そんなこと常識でしょ」と思ったのですが、「どういう意味ですか」と気持ちを落ち着けながら聞き返すと、「ぼくは、人に迷惑をかけるかかけないかで良い悪いを判断してきました。彼は遅刻したけど、研修は予定どおりはじまったし、講義を聞けなかったのは彼であって、だれにも迷惑はかけていないですよね」というのです。

結局、このときも、遅刻をすることで研修全体にどんな影響が出るかを懇々と話して、最後は、「なるほど、わかりました」となったのですが、これまた常識について考えさせられた出来事になりました。

人は考え方も行動の仕方もまちまちで、若手の育成においては思いもよらぬことにも遭遇します。だれに対しても挨拶はきちんとする、ホウレンソウは大切……。「そんなこと、社会人の常識でしょ」といいたくなることはたくさんあります。中途採用者や中堅社員でも同じようなことは起こります。「子どもじゃあるまいし、わざわざいわなくてもわかるでしょ」といいたくなります。しかし「常識だよ」と突き放したり、「そんな常識も知らないのか」と怒ったりしても、本人が萎縮するだけで、非常識は非常識のままで改善されません。

常識と思えることを伝えるのは部下に恥をかかせるようで、言いにくいという人もいるかもしれません。しかし当の本人はただ知らないだけかもしれません。常識を教えるのは、恥をかかせることでも否定することでもなく、むしろ部下を大切にし、肯定することです。心を込めて教えるのであれば、それは部下を応援し、助けることになるのです。

## 6

# 「提案型の相談」をさせ自発性を高める

上司や先輩のほとんどが部下や後輩に対して、「もっと自分で考え、動いてほしい」と思っています。いわゆる指示待ちといわれる部下や後輩がそれです。指示されなければ動かず、疑問が生ずると何もかも「これはどうしましょう?」と聞きにくるため、対応に時間を取られてしまう。頼んだこと以外はやってくれないので、してほしいことを細かく指示しなければならない。自主性、自発性をもっと高めてもらいたいと考えているのです。自分で考えて行動してくれる社員が育てば当然、上司は楽になります。

しかし部下や後輩が指示待ちであるのを簡単に部下自身の責任と決めつけるのは、問題があります。指示待ちになっている理由が何かあるのかもしれません。

まず部下自身が自主的に動くことの重要性を認識していないケースがあります。「いわれたとおりにするのが部下の仕事だ」と思いこんでいて、むしろ「どうしましょう」と相談することこそが部下の務めだと信じているケースです。この場合は、どんな仕事もすべてマニュアルで示すことはできず、個人の判断や工夫がいることを伝えることからはじめる必要があります。自分で考え、行動することが期待されていることがわかれば、少しずつ取り組む姿勢は変わるはずです。

なかには「自主的に動いたら叱られるかもしれない」と萎縮した気持ちをもっていることもあり、その原因を上司がつくっている場合もあります。

実際、こんな例がありました。ある若手は、まさに指示待ちの典型でしたが、その原因は前の上司にありました。細々としたことまで全部把握しないと気がすまないような上司のもとで、「よけいなことはしなくていい」「言われたとおりにすればいい」と言われ続けたために、それが習い性になって、指示されたこと以外はやらないようになってしまったのです。本来は、やる気満々だったのに、あまりに管理志向の強い上司についているうちに、自発性や自主性の芽が摘まれてしまったのでした。よけいなことをすると嫌がられるという思いが部下の心に染みついてしまえば、新しい上司がどんなに自主性を引き出そうとしても、なかなか行動を変えることはできません。

部下に自発性や自主性がないと嘆く前に、このようなことも確認してみる必要があります。

指示待ちを変えるには、上司や先輩が「そうしてほしい」と頭で考えているだけではなく、「自分で考えて動いてほしい」というメッセージを送り続けることも大切です。仕事の指示を仰いでただ単に実行する部下には、自分なりのやり方を工夫するように仕向けます。「これはどうしましょうか」と相談されたときは、部下自身にその対応策が考えられるかどうかを見極めて、「一度、自分なりの案を考えてみて」と要求してみるのです。上司がいつもそのように振る舞えば、部下は上司の思いにそって、「提案型の相談」をするようになってきます。

この方法は、指示を出すよりも時間はかかり面倒ですが、常に「自分の考えをもってくるように」と言い続け、そうすることが評価されるとわかれば、自発性や自主性の姿勢がさらに強化されていきます。

もうひとつは、ひとかたまりの仕事を経験させることです。ある程度、仕事になれてきたら、思い切って最初から最後まですべてを任せます。全部をやり遂げたという自信ができれば、それがきっかけとなって自発的に取り組む姿勢が生まれてくるはずです。部下が成長していくには、そうした小さな成功を積み重ねることが重要です。

# 7

## まず「今週の目標」を設定することから

新入社員の場合、たいていはマンツーマンで指導する先輩がいて、日々の仕事を細かくみているものです。しかしある程度の経験を重ねてくると、上司や先輩が一人ひとりの仕事を細かくみる機会は減ってきます。その結果、部下や後輩に任せておくと、時間を上手に使わず、すべきタイミングですべきことをしなかったり、仕事はきちんきちんと行なっていても、ただこなすだけになってしまったりということが起こります。

部下指導が忙しさにかまけてついその場その場の対症療法になってしまわないように、部下や後輩の一人ひとりと育成方向について話し合い、目標をつくることが必要になります。そんなとき、あまり大げさなものではなく、まずは簡単に取り組めるシンプルな目標を設定することがおすすめです。

🖊

あるチームリーダーは、毎週、何かの目標を定めたらどうかと考え、試してみることにしました。「今週の目標」を「目標シート」に記入させ、週の初めにメンバーを全員集め、それを発表させることにしました。メンバーは一人ずつ「私は今週、古いデータの棚卸しをします」とリーダーやほかのメンバーの前で述べます。目標シートに書くことで自分の仕事の課題が整理されますし、チーム内で発表すれば、ほかのメンバーに対して「宣言」することになります。

人は、自分で決めたことに対しては拘束されやすいという特徴があります。人前で約束したことはやり遂げようとするものです。それだけでなく、メンバー同士がほかのメンバーの目標を聞くことで、「Aさんは今週、あの作業をするのだな」「Bさんは現在、あの案件を担当しているのか」などと、仕事状況について互いの理解が深まり、メンバーのだれがどんな仕事を抱えているかもわかります。

このチームでは、しばらくするとメンバー一人ひとりが宣言したことに対して責任感をもってきちんと取り組むようになり、それだけではなくお互いが刺激しあったり、競いあったりすることも生まれてきたといいます。うまくいくかなと心配しつつはじめた「今週の目標」でしたが、とても効果的だと気づき、その後もずっと続けているそうです。

目標シートはその後、「実績」も書き込めるようにしました。毎週、何をするかを決め、週末にその結果を書き込む。これを蓄積していくと、一ヵ月でどれだけのことができたか、来月は何をすればよいかなど、自分の足元と今後を考えながら仕事に臨めるようになり、一歩一歩、確実に仕事がレベルアップしていきます。

私の仕事は、企業の人材育成のお手伝いをすることですが、漫然と仕事をしていると、教材開発や講義などアウトプット中心の日々になりがちです。アウトプットは自分がもっているものからしかできないので、どこかで燃料補給のインプットが必要になります。インプットのためにはどこかで研修を受けることもありますが、手っ取り早く、場所を選ばずにできるインプットとして本を読むことが欠かせません。

そこで私のチームでは、メンバー全員で「読書録」を残すことにしました。これは、表計算ソフトを使い、一人一シートで、一月から十二月までに読んだ本のタイトル、著者名、簡単な感想などを記録していくものです。一つのファイルにメンバー分のシートをつくり、全員で共有します。

メンバーには、年初に何冊読むかの目標を決めてもらいます。数の多さを競うものではありませんが、数値目標を決めたほうが張り合いが出るだろうと考えてのことです。あるメンバーは三十冊、別のメンバーは五十冊、百冊などと自らの目標を設定します。

このように具体的な数値目標を掲げることが案外、効果的です。「目標のほぼ半分をクリアしたぞ」「四ヵ月で年間目標の半分を超えてしまったので、目標値を上方修正しよう」などと、目標があることで、まなざしが違ってきます。何事も、目標やゴールがあることは行動の励みになるのです。

この取り組みをはじめてから、私のチームでは、以前にも増してメンバーが本をよく読むようになりました。同じファイルで情報を共有しているため、ほかのメンバーが読んだ本の情報も得られ、そこからさらに、別ジャンルの本に挑戦するといった相乗効果も自然に生まれてきます。

いずれの例も、会社全体のMBO（目標による管理）制度などによらず、メンバーが一緒に、気軽に、継続的に取り組めるのがポイントです。若手の社員からはよく「なんのためにこの仕事をしているのかわからない」「自分が成長していることが実感できない」といった声を聞きます。目的意識の高い人、自立心の強い人は、自ら目標を定め、それに向かって努力するはずです。しかしそれをすべての人に期待することはできません。上司や先輩と一緒に目標を定めることで、成長の実感をつくり出すことができるのです。

# 8

# どう接するかの基本方針を決めよう

はじめて部下や後輩をもったときは、だれでも不安を感じます。「私も未熟なのに、人に教えたり育てたりしていいのだろうか」「メンバーの個性に合わせた指導なんかできるだろうか」などと、気にやんだり悩んだりするものです。

しかしそんな気持ちは、上司になったときにだれもが一度はもつものです。どう育てればよいかわからずに内心どきどきしながら、部下や後輩におそるおそる接する。いろいろ悩みながら、徐々に軌道修正しながら指導していくというのが多くの人の現実のようです。

ですから、あまり最初からかちっと細かく計画を立てるのではなく、試行錯誤で取り組めばよいのです。教え方や育て方は、部下や後輩の能力や個性などによっても変わり、なかなか計画どおりにはいかないからです。

ただし、これだけは最初に考えておいたほうがよいのは、部下や後輩を育てる際の自分なりの「構想」です。こういうふうに部下とかかわろう、後輩にはこういう態度で接していこうという基本の方針だけはしっかりと決めておくことが大切です。

たとえば、「早く一人前にしたいので、きびしく育てよう」と考えたとします。「きびしく」というのでは漠然としすぎるので、それを実際の仕事場面まで掘り下げて具体化してみます。いつも丁寧な説明をしないと動かない部下や後輩が目立つというのであれば、どうすればそれを変えることができるかを考えてみます。そこで「本人に一回は挑戦させる」と決めます。

これを指導方針として、あらゆる場面で部下や後輩と日々接するようにするのです。たとえば、疑問点や不明点があるとすぐに質問したがる部下や後輩に対しては、あえて即答せずに、「自分で調べてみた？」と確認します。「いいえ、まだです」といわれたら、「一度、自分で調べて、考えをまとめてから相談にきて」と突き放すのです。手取り足取り教えるだけが後輩指導ではありません。指示や報告をするという日常の仕事のなかに、いかに教育的行動を織り込むか。それが指導方針を定めるポイントです。

チーム全体で、部下や後輩の指導方針を決め、意識合わせをしておくのもよい方法です。あるチームでは、新入社員が配属される直前に、その指導の仕方について話し合い、チーム全体で共有することにしました。掲げた方針は、「お互い密にコミュニケーションをとろう」「相談しやすい先輩をめざそう」というものでした。この方針のもとで、専任のOJT担当者を含め、チーム全員で新入社員を教え育てることにしました。

新入社員の指導がはじまり、すぐに夏になりました。OJT担当者は一週間の夏休みをとるため、同僚たちに、「不在中は、新人のAさんをよろしく。一週間の作業内容は伝えてあるから、大丈夫だと思うけど、何かあれば相談に乗ってあげてください」と依頼しました。

夏休み明けに出社したOJT担当者は、新人のAさんが頻繁に自席を離れ、長時間戻ってこないことに気づきました。不審に思っていたところ、リフレッシュコーナーのソファで、仕事のマニュアルを必死に読んでいるAさんを発見しました。どうやら何時間もそこにいたようです。OJT担当者は、彼に声をかけました。

「席にいないから心配したよ。ここで何をしているの？　長時間こんな場所にいたら、さぼっているようにみえちゃうよ」

新人のAさんは、うなだれて先輩の後について席に戻りました。あまりに様子がおかしいので会議室に招き入れると、こんな言葉が返ってきました。

「先輩の夏休み中、指示のあった仕事に取り組もうとしたのですが、やり方がわからなくなって、マニュアルやノートをみました。でも、やはりわからなくて。相談したかったのですが、他の先輩たちも忙しそうで、とても話しかけられませんでした。日々の作業の積み残しがたまって、席にいるのもつらくなって」

先輩からみれば、その程度のことと思うかもしれませんが、新人のAさんは、ずっと面倒をみてくれていたOJT担当者の不在中、困ったときにどうすべきかがまったくわからなくなっていたのです。

OJT担当者は、その日の夕方、Aさん以外のメンバーを会議室に集め、状況を簡単に伝えました。みんながチームの指導方針を忘れていたといいます。「自分も忙しかったので、気が回らなかった」などと口々に反省の言葉が出てきました。

指導の方針を決めても、守られなければ意味がありません。みなが守るためには、方針はわかりやすく実践的であることが必要です。「緊密な」「相談しやすい」という方針は、チームのあるべき姿を表現したものですが、これでは実際に新人指導をどうすべきかはわかりません。方針は、「一日一回は声をかける」というように、より具体的な行動基準にブレークダウンしておくことがポイントです。

# 9

# うわさをするなら
# よいうわさだけを

新入社員が配属される時期になると、職場がそわそわとしてきます。「うちにくるのはどんな新人だろう。元気がいいタイプかな、おとなしいタイプかな」などと、先輩たちは浮き足立ってきます。なかには研修部や人事部に探りにいく人もいます。そうして、たまたま新入社員研修を手伝った人がいたりすると、それがうわさとなって聞こえてくることがあります。

「新人研修を担当したんだけど、一人だけすごく生意気なのがいてさあ。うちの部署にくるらしいよ」「今年の新人にはしゃべりだすととまらないのがいて、ああいうのが配属されるとちょっと騒がしいかもね」などと、悪意はなくとも、それが陰口のようになって流れることになります。それを聞いた人たちは、その新人にはまだ会ってもいないのに、生意気なやつか、おしゃべりな新人かなどと、妙な先入観をもって彼らを迎えることになってしまいます。

実際に配属されて様子をみていると、確かに少し生意気みたいだ、そういえば話し出すと結構長いぞなどと、あらかじめの思いこみが強化されてしまいます。たちの悪いことに、人は最初に聞いた人物像をなかなか払拭できないので、その思いこみのまま新人をみてしまい、新人と接することになります。

このようにつきあう前につくられた先入観という固定観念は、そのあとの人間関係を規定してしまいます。思いこみが現実をつくってしまうのです。先輩などが何気なく漏らした情報は、案外インパクトがあるものだと理解しておく必要があります。

一方で、よい情報が流れてくるということもあります。

ある年の新入社員が配属される前に、部長が部員に対して、ふとこんなことを漏らしました。「今度、配属されるＫ子さんはとても明るくて、心やさしいホスピタリティに満ちた女性だよ」

私が最初に勤めた企業では、入社早々に全員で二泊三日の合宿研修がありました。ある年、車椅子を使う女性Ｃ子さんが入社してきました。研修所にはバリアフリーの設備がないため、人事部ではいろいろと考えて、内定者イベントなどのときから明るく元気だった

K子さんを彼女と同室にしました。人事部や研修担当のマネジャーなどは二泊三日なので心配していましたが、研修はなんの問題もなく最後まで予定どおりのスケジュールで終えることができました。後で、C子さんに聞くと、「K子さんが、一緒にお風呂に入ってくれたりいろいろとサポートしてくれたので、快適に過ごせました」とにっこりして教えてくれたといいます。

上司はこのときの話を配属直前の六月ごろ、部のメンバーに話してくれたのです。新入社員のK子さんを受け入れる立場だった私たちは、「配属されるK子さんはとてもホスピタリティにあふれた人物らしい」という思いをもって、配属になる日をわくわくと待ちました。配属初日、彼女は明るく元気にオフィスに入ってきます。思ったとおりの人物でした。そして彼女は、その後、とても頼りがいのあるメンバーに育っていきました。お客様からも評判のよい社員の一人となったのです。

これにはもちろん、K子さん自身の素質や努力が一番大きく影響していますが、考えてみると、受け入れる立場の私たちも、「とても明るくて、心やさしい社員が配属になる」というよい先入観をもって彼女をみたり、接したりしていたことに気づきます。

「ピグマリオン効果」という言葉があります。ギリシア神話に出てくるピグマリオン王の話がもとになっています。

それはこんな話です。ギリシア神話のピグマリオン王は、石像をつくるのが好きでした。ある日、美しい石が手に入り、それで女性像を彫りました。でき上がった彫刻があまりに美しいため、ピグマリオン王はその石像に恋をしてしまいます。その様子をみていた恋の女神は、そんなに恋焦がれているのならと石像に命を吹き込みます。ピグマリオンは、その女性とめでたく結婚することができました。この話から、人は、期待をかけられればそれに応えるようになることをピグマリオン効果と呼びます。

「明るくて、心やさしい」と告げた部長の何気ない一言が、まさにピグマリオン効果を生み出したのかもしれません。

もし配属される社員についてのうわさをしたければ、意識してよいうわさだけを選ぶようにしたいものです。これから新しい職場でがんばろうと張り切っている社員について、受け入れる側が、「面接で変なことを答えた人」「研修中に反抗的だったらしい」「前の部署でいろいろあった人」などと思っていたら、育つものも育ちません。期待をもって新しいメンバーを迎え入れようではありませんか。

# 10

# 大事な考えや思いは何度でも繰り返す

部下や後輩をもっている人は、「こういうチームにしたい」「こういう製品やサービスを提供していきたい」という仕事に対するなんらかの「思い」をもっているはずです。実際、「思いをもっているか」と聞かれたら、多くの人が「もっていますよ」と答えます。

しかし「部下にそれを伝えていますか」と聞くと、「いわなくてもわかると思う」とか、「年初にきちんといったから覚えているはず」などと答える人がいます。日本には「以心伝心」という言葉があり、相手の言うことを素早く察するコミュニケーションがよいこととされてきたので、「一緒に仕事をしていればわかるはずだ」などと考えるマネジャーが少なくないのです。

しかし今日のように一人ひとりの価値観が多様化しているなかでは、そんなコミュニケーションは成り立ちません。以心伝心なんてないと思ったほうがよいのです。

実際、上司や先輩のなかには、「何度もいったでしょ」というのが口癖の人がいますが、部下や後輩は、それほど人の話を聞いていないものです。会議で伝えたはずだと思っていても、覚えているのはたいてい言った本人だけです。聞き手が悪い、忘れたほうが悪いと思っていては部下の指導はできません。思いがあるなら、何度も何度でも、伝えなければならないのです。伝わっていない情報はないのと同じ、記憶され、理解されていない上司や先輩の思いはないのと一緒なのです。キックオフミーティングで自分の仕事に対する思いは伝えたからもう大丈夫などと安心せず、会議のたびに言う、面談があるごとに伝えるというように、口をすっぱくして、浸透するまで言い続けなければなりません。

ある会社での話です。その会社では、社長がことあるごとに「同じ話」をするのだそうです。何度も何度も、五回も十回も同じことを言うので、あるとき一人の社員が「どうしていつもあの話なんですか。私たちはもういい加減に理解していますよ」と社長に尋ねました。返ってきたのは、こんな言葉だったそうです。

「あのね、ぼくは大切なことだと思うから何度でも言うんだ。どうでもいいこと、そのときだけ必要なことだったら何回も言わない。忘れてほしくないことだから、何度も言うんだよ。社員が百人もいたら、聞いている人も聞いていない人も、理解している人も理解していない人も必ずいる。だから全員が知っているよというだけでなく、できるようになるまで、何度でも言うんだ」

この社長は、社員がほんとうにわかるには時間がかかることを知っていて、しつこいと思われても何回も繰り返そうとしたのでしょう。

私は人材育成のカリキュラムを作成したり、教材をつくり、顧客に提供したりするのが仕事ですが、実際の提案や販売などの営業は専任の担当者が行なっています。当然、営業担当者がお客様からヒアリングしてきたことで相談を受けることがあります。まだ不慣れの若手担当者は、「お客様がこういう研修をしたいといっているんですが、できますか?」という質問をしてくることがよくあります。それだけではお客様が何を望んでいるかわからないので、できる・できないと即答はせず、お客様は何にお困りなのか、どういう人材を育てたいと思っているのかなどを聞き返します。教育の目的や目標が明らかでなければ、それを達成するための具体策も、カリキュラムの組み合わせもわからず、お客様にとって最適の提案はできないからです。

私と同じチームで働いていた中堅の営業担当者が、独立起業するため退職しました。彼とは一緒にいろいろな仕事をし、いくつもおもしろい研修カリキュラムを開発した思い出があります。その彼から、あるときメールを受け取りました。そこにはこんなことが書かれていました。

「提案をする前に、田中さんがいつも目的は？　目標は？　といいながら、社内の意思統一をはかろうとしていたことに最初は面食らいました。お客様のヒアリングにあいまいな点があると、もっと詳しく確認してきてほしいとしつこく突っ込まれるので、細かい人だなあと思うことがたびたびでした。しかし何度もいわれているうちに、それがどんな仕事をする上でもとても大切なことがわかってきました。独立したいまでは自分でも、目的は？　目標は？　といっています」

このメールを読むまで、自分がそんなにしつこく詰め寄り、相手を辟易させていたとは知りませんでした。単に効率よくプランニングをしようと思って毎回、尋ねていたにすぎません。

しかしこの元同僚は、メールに「同じメッセージを繰り返すことは大切だ」とも書いてくれました。煙たがられても、こんなふうにだれかに伝わることがあるのだなとうれしく思いました。大事なことは、多少反発を買っても伝え続ける、繰り返す必要があることをこの元同僚に教えられました。

11

# 仕事の全体像を示してつながりを教える

「とりあえず、これをやって」という言い方で仕事を与えてはいませんか。

部下や後輩は、そんなふうに、仕事の目的や目標、背景や経緯などを何も聞かされないまま作業の指示をされると、やる気が出ないものです。「これは前から決まっている仕事だから、とにかくいわれたことをやって」などといわれれば、創意工夫をする余地もないので、ただこなすだけになってしまいます。間違いにも気づかないでしょう。では仕事を指示する際には、どんなことに気をつければよいのでしょうか。

第一は、仕事の全体像まで示し、仕事の目的を伝えることです。

わかりやすい例で考えてみましょう。修業中のコックさんです。調理師免許を取り、老舗の洋食屋に入店します。先輩からは、「ジャガイモを洗って、むいておいて」といわれます。最初は、仕事を与えられた喜びでいっぱいでしたが、しばらくすると、くる日もくる日もジャガイモを洗うことに飽きてきます。作業は少しずつ荒くなるかもしれません。

もしそのとき、「このジャガイモは、うちの創業当時からの名物メニューであるコロッケに入れるものなんだよ。だから丁寧に洗って」と指示されたらどうでしょうか。「あ、そうだった。あのコロッケのジャガイモをむいているんだ」と仕事に対する取り組み方が変わってくることでしょう。

仕事は、単に部分として与えるのではなく、なぜそれをするのかや、全体とのつながりまでがイメージとしてつかめるように伝えることです。会社の仕事はお互いに関係しあっており、与えられた仕事の理解のためには、この関係を知ることが必要です。仕事の全体がわかり、役割分担がわかれば、まわりとどんなふうに協力していけばよいかもわかります。

指示を与える際の第二のポイントは、本人にとっての意義や意味を理解させることです。意義や意味とは、その仕事をすることでどんな能力が身につくのか、どんなふうに仕事ぶりを認めてもらえるのかなど部下にとってのメリットなども含みます。

コピーをとってくるといった簡単な作業は別として、それなりにまとまりのある仕事を指示する場合、「これをしてもらうことで、こんな力を身につけてほしい」「将来はこんなことをしてもらいたいので、これをやってもらいたい」などと伝えるのもひとつの方法です。本人のやる気はぐんと違ってきます。たとえば、「後輩だから会議の議事録をとって」というのではなく、「いまチームにどんな問題があるかを知ってほしいので、議事録をとって。いずれは会議を仕切る側に回ってもらうので、まずは議事録のまとめ方を知って、議事の進行方法も学んでほしい」と指示するのです。

先ほどのコックさんを例にとれば、「いまはジャガイモだけど、野菜をきちんと処理できるようになったら、三年後には揚げる作業も担当してもらうつもりだから」などと将来への期待を絡めて話せば、次へのステップを意識づけることもできます。現在と将来の関係をうまくつなげてイメージできれば、モチベーションも維持できることでしょう。

③

成果物の中身や時間を明確にしておくことが指示を与える三つめのポイントです。

どんな仕事にも期限、時期などの締め切りがあるのは当然です。もちろん納期があるような場合は、「○月○日の午前中までに」と指示するでしょうが、部署内で使う資料作成などのようなものは、「なるべく早く」とか、「できれば来週ぐらいまでに」などといったあいまいな表現をすることが多いようです。

あるリーダーは、いつも「急いでやって」と指示しても仕上がりの報告が遅いので、あるときメンバーに、「急いでという場合、どれくらいまでにやればいいと思う?」と聞いてみたそうです。するとあるメンバーは、「だいたい三日くらいという意味だと思います」、別のメンバーは、「その日のうちに仕上げろという意味じゃないですか」と答えたそうです。リーダー自身は、急いでという場合、三、四時間以内にというつもりだったため、とても驚いたそうです。これまで何度も「急いでつくって」「早めに仕上げて」といっても期待どおりになったことがなかったので、メンバーの仕事が遅いと思っていたけれど、それは勝手な決めつけだった。指示の仕方をもっと明確にすればよかったと反省していました。このリーダーは、このことをきっかけに、以後、「この資料は○月○日の十七時までに」とか、「午後の会議で使うから、十一時半までに完成させて」というように、日時を明示することにしました。これによりスムーズに仕事が進むようになり、遅れを待ち続けるイライラからも解放されたといいます。

期待する成果物の中身やレベルに関しても同じです。せっかくつくったのに、提出したら、「Excelでつくってほしかった」などとやっていては手戻りが発生します。出来上がりの状態や基準が示せるなら、最初からきちんと伝えて、互いに認識をすり合わせておくべきです。どんなものをつくってほしいのか、できあがりのイメージを指示する側と指示される側とで一致させておくのです。

12

# 理解度の確認にはやらせてみるのが一番

「いま説明したこと、わかった？」

「ちゃんとできますか」

こんな質問の多くは意味がないものです。部下や後輩は、よほどのことがないかぎり、「わかりました」「大丈夫です、できます」と答えるものだからです。まったくわからなかったとか、絶対にできないと思う場合は、「よくわかりません」「自信がありません」などと正直に答えるでしょうが、なんとなくわかった気がする、たぶんできるだろうと思うと、「はい」と答えてしまいがちです。

ところが、「はい」という返事を聞いて安心していると、しばらくたったときに、少しも理解していないことがわかることがあります。あやふやな理解で臨んでいるので、多くの勘違いが起こります。上司とすれば、「どうしてできないの。わかったって言ったじゃない」と言いたいところでしょう。しかし部下や後輩からすれば、たとえ多少不明なところがあっても、自分からは「わかりません」とは言いづらいものなのです。

**◎**

どうすればいいのか。「わかった?」と問いかけ、「わかりました」と答えが返ってきたときのもう一押しが重要です。「では、復唱してみて」「では、今度は自分の言葉で説明してみて」と確かめてみるのです。そうすると、本当に理解しているかどうかは、たちどころに判明します。

私の経験です。顧客に対する提案をどんなふうに行なうか、部内で検討したときのことです。まだ経験の浅い営業担当者に、私が製品やサービスについて説明をしました。そのうえで、お客様へのプレゼンのストーリーをホワイトボードを使って説明しました。聞いていた営業担当者に、「こんなストーリーで進めればいいと思うけれど、できますか」と尋ねると、「はい。大丈夫だと思います」との返事。そこで、「じゃあ、私をお客様だと思って、二十分ほどで説明してもらえます?」と聞きました。

彼は、私が書いたホワイトボードの図の前に立ち、提案の予行演習をはじめました。しかし説明がはじまって三分もすると、声が弱々しくなるのに気づきました。さらに五分、黙って聞いていましたが、根本的に製品知識が欠けているためにうまく説明できないのだとわかりました。

そこで彼の予行演習は打ち切り、提案のもととなる製品知識から再説明することになりました。結局、その提案検討会は、二時間以上かかってしまいましたが、これはこれでよかったのです。私が「わかった？　じゃあ、これで提案してきてくださいね」と言って済ませていたら、お客様の前できちんと説明できず、お客様の時間を無駄にしてしまうだけでなく、自社のイメージにも傷がつき、本人も自信をなくしていたことでしょう。


これと似たようなやり方に、質問に答えさせるという方法があります。私はこんなふうにしています。

たとえば他部署から、私の部門で扱う製品やサービスについての相談や照会が寄せられます。問い合わせは私あてにきたとしても、その説明の席には、後輩にも同席してもらうようにしています。他部署からの相談内容は、「お客様からこういう問い合わせがあったけれど、どういう提案をすればいいだろうか」「今度はじめた新サービスは、具体的にはどういうものなのか。私の担当する顧客におすすめできますか」といったものです。

こうした質問にどう答えるかで、後輩の理解度は鮮明になります。そこで私から即答することはせず、まず同席している後輩に、「○○さんはどう思う?」と意見を求めます。後輩が「いまの話を聞くかぎり私は、他社の導入例なども示しながらA製品をおすすめしたほうがよいと思います」などと、自分の考えを述べます。

その内容や話し方などを聞けば、「ああ、この人はここまで深く理解しているな」とか、「知らない間にずいぶんよく勉強しているもんだな」とわかります。もちろん理解の仕方に問題があると感じたら、後輩の説明が終わってから、「こういう可能性は考えられる?」と誘い水になる問いかけをしてみることもあります。

以前は、私がなんでも先に説明していました。その後、後輩に「○○さんの意見は?」と尋ねても、返ってくるのは「私も同じです。補足することはありません」という答えでした。これでは、本当に理解しているのかわからないので、自分が言いたいのをぐっとがまんして、後輩から先に見解を述べてもらうように変えてみました。これにより、後輩たちの理解度をずいぶんと正確に把握できるようになりました。

みなさんもいろいろな機会に、部下や後輩に話させてみてはいかがでしょうか。どのような内容でも、だれかに説明したり伝えたりしようとすれば、自分の頭の中を整理することが必要になり、理解をより深めることができるのです。

# 13

# 「ん？」と思ったらその場ですぐ指導

五月のある日、通勤の路上で、ちょっと不思議な光景をみかけました。若い男性と若い女性が向き合って名刺交換をしていました。二人ともリクルートスーツのようなきちっとした服装です。なぜかとても近い距離で向かい合い、名刺を交換していたので、いったいなんだろうと思いました。二人の脇を通りすぎる際、会話が聞こえてきました。

「名刺を受け取るでしょ。そしたら、そのまま相手の名前を復唱して。名刺は胸の高さでもっているといいんだよ」

名刺の出し方と受け方を二人で練習していたのです。女性は、一つひとつの言葉に「はい、はい」とうなずいていました。新入社員が、先輩社員に連れられてはじめての顧客訪問をする途中だったのでしょう。多くの人が通るビジネス街で、この二人は人の目も気にせず名刺交換の実地練習をしていました。教えている男性も非常に若く、一、二年前は新入社員だったのかもしれません。とにかくとてもほほえましい光景でした。

別の体験です。顧客先での打ち合わせが長引いたため、一緒に昼食をとることになりました。先方から「一緒に行きましょう」と誘われ、部長と担当者、私の三人で近くの店まで出かけました。このとき部長は、「きょうはご馳走しますよ」といい、支払いは部下の担当者に任せることにしたようでした。

食後の支払いのとき、私は店の外に出ていました。ご馳走になるときには、領収書などを受け取る場面をみないのがマナーだからです。かなりの時間がたってから、部長と担当者が「大変お待たせしました」と言いながら、店から出てきました。

オフィスまで戻る道を三人で歩きはじめたところ、部長は私に向かって、「田中さん、ちょっとごめんね」と言ったうえで、部下の担当者に何やら話しはじめました。聞くともなしに聞こえてきたのは、お客様に食事をご馳走する場合の心構えやマナーでした。

「田中さんをお連れしようといったとき、きみはなぜ小銭入れだけをもって出てくるの。ちゃんと対応できるように財布をもってきなさい。それから、領収書はすぐに受け取れるよう、自分の名刺を出すこと。名刺をみせれば、社名もすぐに店の人にわかる。こういうこと、ちゃんと覚えておかないとダメだよ」

担当者は、素直に話を聞いていました。部長は再び私のほうに向き直り、「ごめんなさいね、お客さんの目の前で説教するのもなんだけど、こういうときにちゃんと教えておかないといけないからね」と茶目っ気たっぷりに笑いました。私とは長いお付き合いなので、あえてこんな場面で、こんなふうに部下の指導をしたのでした。

もうひとつ、私の体験です。後輩をともない、顧客先を訪問しました。はじめての顧客訪問だった後輩は、外出がうれしかったのでしょう。たまたまその企業に勤めている友人に、電子メールで訪問することを伝えていたようでした。顧客との打ち合わせが終わり、別れ際、ロビーで先方の担当者とまだ立ち話をしていたところに、後輩の友人が訪ねてきました。後輩は、「あ、元気？」といいながら、友人に向かって普段の言葉遣いのまま話しはじめました。顧客先の担当者は、にこやかに「お友だち同士だったのですね」と言っていましたが、後輩とその友だちとの会話はしばらく続きました。

先方を辞してしばらく歩いたところで、私は後輩に「友だちが訪問先にいるからといって呼び出すのはよくないでしょ。その上、友だち口調で話すのをまわりの人がみたときどう感じる？　どうしてあんなラフに会話しているのかと思うのでは」と言いました。彼女ははっとして、「すみませんでした。なんだか学生時代の気分になってしまって」と謝りました。

こんなとき、教えるほうにも勇気が要ります。できれば楽しく外出し、楽しく帰途につきたいからです。きびしいことをいったり、細かく教えたりすると、場合によっては気まずい空気が流れます。でもそれを躊躇していては、部下指導はできないのです。

部下指導や後輩指導とは仕事を通じて後輩を育成することですが、育成に必要なことは、仕事に直結する知識や技術だけではありません。このようなビジネス全般における行動の仕方や振る舞いなども含まれます。指導すべき点に気づいたら、その時点でさっと指導を行なう。これこそが後輩指導です。

ところが私たちは、部下や後輩の言動に、ちょっと変だな、おかしいぞと思っても、見過ごしたり、見逃したりすることが多いものです。その理由には、「お客様の前で、まわりにも人がいるので」「本人も間違いに気づいているかもしれない」「本人にむっとされたら自分も不快だから」などといろいろあります。しかし「後で」と思っていたら、機会を逃し、教育効果が薄れてしまいます。教えるべきことだと思ったら、遠慮なくその場その場で指導する。それが、部下や後輩の問題意識に訴えるのに最適のタイミングです。

# 14

# 話を「聴く」だけでも立派な後輩指導に

部下や後輩は、上司に対して、いつももっと話を聞いてほしいと思っています。仕事そのもののこと、人間関係のこと、キャリアのことなどと、その内容はいろいろです。しかし上司が忙しすぎて話す機会がない、機会はつくれても途中でいろいろと意見をいわれたりして最後まで話せないといったことを不満に思っている人が少なくありません。

部下の話は時に、要領を得ないことがあります。報告なのか相談なのか単なる愚痴なのかわからないこともあります。上司からみれば「ずいぶんつまらない話だな」と思うこともあるでしょう。そうなるとついつい相手の話をさえぎって、「ああわかった、わかった。会議室の件ね。それは、キャンセルすればいいんだよ。まずは総務部に連絡をとってごらん」と話を先読みしたり、決めつけたりしがちになります。部下としては、「その話がしたかったわけじゃないんだけど……」とがっかりすることになります。

これではコミュニケーションは成り立ちません。話をさえぎるのは、まさにコミュニケーションを断つことです。

ちゃんと聴いてもらえなかったという経験を三回もすれば、上司に話をする気も萎えてしまいます。「どうせ話をしにいっても、最後までちゃんと聴いてもらえないし」「話しても最後は、説教されるだけだから」などと話す気がなくなるのです。そうなってしまえば、上司と部下との距離は少しずつ開いていき、肝心な仕事上の問題の共有や意思疎通がうまくいかなくなってしまいます。

部下の話を聞くことは上司の大切な仕事です。部下の話をきちんと聞く時間を設けると同時に、常に話しやすい相手になれるように工夫する必要があります。

ある リーダーが、メンバーの話を最後まで聞くことを自らに課してみました。普段は忙しいこともあって、メンバーの相談には、すぐに「こうすれば？」「あれを試してみた？」と相手の話に割り込んでアドバイスする癖があることを自覚していた彼は、一度、最後まで聞いてみようと決心しました。

メンバーが「ちょっといいですか？」と席にやってきました。話は確認なのか相談なのかよくわからないものでしたが、このときは、言いたい気持ちをぐっとがまんして最後まで聞いてみました。とにかく相槌をうち、相手の言葉を復唱するなどして、話の内容に口をはさまず、とにかく聞き役に徹したそうです。

しばらくするとメンバーは突然、「あ、わかりました。担当者ともう一度相談して、問題を整理してみます。ありがとうございました」といって、すっきりした顔で去っていったそうです。リーダーは、「あれれ？　なんのアドバイスもしていないのに……」と不思議に思い、「何も具体的な指導などをしなくても、話を聞くだけで、自然にメンバーの問題が解決してしまうことがあるんだ。いままでももっと聞いてやればよかった」とこれまでの自分の態度を反省したといいます。

多くの上司は、部下の話を聞くだけでは職務を果たしたことにはならないと考えがちです。部下やメンバーより豊富な経験を駆使してアドバイスすることこそ上司の務めだと思っているからです。

でも、この例のように、アドバイスなどしなくても、ただ聞くだけで、問題が解決することはあるのです。部下は、自分の頭の中にあるもやもやしたものを、上司を相手に話すうちに、何が問題なのか、自分がどうすべきかなどを整理しながら、理解できたわけです。「あれをして」「こう考えよ」と指示するだけが部下指導ではありません。ただ話を聞くだけというのも立派な部下指導なのです。

上手な聞き手になるためには、二つのポイントがあります。

まず途中で話に割り込んだり、さえぎったりせずに最後まで聞くこと。「こういうことをいいたいんでしょ？」などと決めつけて話の腰を折らないようにします。次に、ゆったりとうなずき、ときどき相槌をうつこと。「なるほど、気むずかしいお客様に困っているんだね」といった具合です。とにかく相手の話を聞くことに集中するようにします。

こうやってひたすら聞き手に徹していると、いつの間にか、互いに親近感や信頼感が生まれ、部下が一番伝えたいことは何かを把握できるようになります。「いま、ちょっと時間ありますか」と声をかけられるのは、あなたが信頼されている証です。信頼していない上司に部下は相談などしません。

とはいえ、上司に気持ちや悩みを伝えるのはやはり勇気が要ることです。怒られたらどうしよう、くだらないと一蹴されたらどうしようなどといろいろ考えてしまう場合もあります。日頃から、話しかけやすい雰囲気をつくるよう心がけることも大切なポイントです。

## 15

# 時間の使い方を教える「質問三点セット」

新入社員のとき、会社のこと、関係先のこと、職場のことなどを自席に座って勉強する期間がしばらく続きました。配属されたグループのリーダーは、直接の指導をしてくれる専任のOJT担当者ではなかったものの、私が何をしているかを常に気にかけては頻繁に声をかけてくれました。しかしそれはいつも同じで、次のような三つの問いかけでした。

「何してるの？」

「なんで？」

「いまそれをする時間？」

新人のときは、何をしたらいいかわからないことがあります。特に指示された仕事がないときに、ずっと机に向かって与えられたマニュアルなどを読んだりしていると、ふと集中力が途切れ、眠くなることもあります。そんなとき私は、資料の整理をしたり、新聞のスクラップをつくったりしていましたが、時々、仕事とまったく関係ないとはいえないいまでも、時間つぶし的な作業で気を紛らわせることがありました。

そんなときにかぎってリーダーが、「いま何してるの？」と尋ねるのです。自分がしていることをきちんと説明できることもあれば、しどろもどろになってしまうこともありました。指示されたこと以外をやっている場合は、どぎまぎしてしまうのも当然です。「なんで？」というのは、なぜそれをしているのかという意味です。これも理由がきちんと説明できるときと、できないときがありました。そして、「いまって、それをする時間？」というとどめの質問が続きました。

配属されたグループのリーダーは私の一日の細かいスケジュールを把握していたわけではないので、「いまそれをする時間？」という問いかけは、「いまはそれをやってるのね」という純粋な確認だったのかもしれません。しかし「いまそれをする時間？」と聞かれたとき、時間つぶしをして、やらなければならないことを後回しにしているときは、答えに窮することになります。

「質問三点セット」は、いつどのタイミングでかけられるかわからないので、新人だった私は、次第に、いつどんな状態で三つの質問をぶつけられても大丈夫なように、自分の一日のスケジュールやその日すべきことを考えて取り組むようになりました。「なんで？」

「いまそれをする時間？」と心のなかで自問自答して、リーダーの問いかけに堂々と答えられるよう、仕事の優先順位や一つひとつの仕事の時間のかけ方について工夫するようになりました。

新入社員にかぎらず、若手社員には、仕事の時間の使い方が下手な人がいます。人は興味のあることとないことが並んでいたら、どうしても興味があるほうに取り組みたくなります。簡単なこととむずかしいことがあれば、どうしても簡単なことに取り組みたくなります。仕事の重要度とは無関係に、やりやすいものから選んでしまいがちです。

いますべきことをしていない、先にやるべき大切なことに着手していないというように、部下の仕事の手順や優先順位のつけ方に疑問を感じた場合、それをあるべき姿に導いてやるのは上司や先輩の務めです。私の場合は、質問三点セットを投げかけられることで、時間を効果的に使うことが訓練され、それは二十年以上たったいまでも心に強く残り、仕事を進める基準になっています。

新入社員のＯＪＴ担当になったときのことです。指導をはじめてしばらくして、担当した新入社員が日中、よく居眠りをしているのに気づきました。私だけでなく、ほかの先輩社員にもそれはバレていました。一日や二日であれば、たまたま前日の帰りが遅かったのかなと思えますが、たびたび居眠りをしているのをみて、とうとう彼と話してみることにしました。

理由があるはずだと思ったので、いきなり叱るようなことはせず、なぜ就業中にうとうとしてしまうのかを聞いてみました。

「日中居眠りしているのが気になっているんだけど、どうして？」

返事はちょっと意外でした。

「すみません。自分は、同期より知識や技術が遅れていると思うので、家に帰ってもマニュアルをみたり、新人研修で使ったテキストを見返したりして、勉強してます。勉強をはじめると寝るのは三時すぎになってしまうので」

朝は六時には起きて通勤しているといいます。三時間睡眠では、日中眠くなるのも無理はありません。同期になんとか追いつこうという焦りによって寝不足を引き起こしていたことを理解し、次のように話しました。

「同期に負けまいと努力していること、家に帰っても勉強していることはとても前向きでよいことだと思う。でも、そのために職場で居眠りをしては本末転倒でしょう。いま事情を聞いたので、私は理由がわかったけれど、多くの人は、あなたのことを職場で居眠りする緊張感のない新人としかみないかもしれない。会社できちんと成果を出すのがビジネスパーソンの第一の務めなのだから、まずは睡眠時間を確保しなくちゃ。会社で絶対、眠らないように生活のパターンを変えること、知識や技術の遅れはあとで考えればいいから」

彼は、こっくりとうなずきました。それからしばらくして居眠りはまったくみられなくなりました。聞くと、「どんなに気になることがあっても十二時をめどに寝ることにしました。六時間の睡眠をとることで、会社でも集中して仕事ができるようになりました。仕事の効率がよくなってきたのがわかります。ただ時間をかけても、うまくいくとはかぎらないんですね」とのことでした。

社会人生活をスタートしたばかりの新入社員は、同期に比べてほんの少しの遅れでもあると、それが気になって仕方がないものです。そして何かと焦ってしまうこともあります。その結果、居眠りという本末転倒なことも起こるのです。

こんなふうに、時間の使い方がへたなために、時間に追われるようになっている人がいます。一日の予定の立て方、仕事の段取り、重要性の順位づけ、半端な時間の使い方など、上手な時間の使い方を教えることも上司や先輩の大切な役目です。

# II

# やる気を
# 引き出す
# ポイント

16

# 「背伸び目標」ならだれでも動き出す

社員の勉強の仕方には大別して三つあるといわれます。「自己啓発」「ＯＪＴ」「ＯｆｆＪＴ」です。自己啓発は、自分なりに勉強して本を読んだり資格の取得をめざしたりするもの、ＯＪＴは、職場のリーダーなどが実際の仕事場面を通してメンバーを指導するもの、ＯｆｆＪＴは会社での集合研修や専門機関のセミナーなどに参加するものです。

部下や後輩が会社に貢献できる仕事力を獲得していくためにはこのどれも欠かすことはできませんが、部下の能力の向上や開発という意味で中心となるのは本人による自己啓発と、それを補完するＯＪＴが特に大切です。リーダーはこの両方をうまく連携しながら促進されるよう仕向けていく必要があります。

勉強にせよ仕事にせよ、自分でどんどん目標を立て、次々と新しいこと、むずかしいことに挑戦するタイプの人がいます。こういう人は、上司や先輩が細かく指導しなくても、自分で伸びていくので、さほど心配はありません。

先日、出会った入社二年目のTさんもこのタイプでした。入社してからというもの、土日のうち半日は勉強にあてると決心して、一年以上、それを続けているとのことでした。彼はITエンジニアなので、多くの資格が必要となりますが、いつどの資格を取るか、自分でプランを立て、着々とそれを取得していました。それだけではなく彼は、近い将来、携わってみたいと思う仕事に関連する新技術についても独学を続けているといいます。忙しいなかでそこまで見据えて休日に勉強するというのはとても意志の強いことです。こういう部下であれば、上司は何も心配せず、その成長を見守るだけでよいでしょう。

厄介なのは、特に大きな挑戦をしない人です。いまの仕事やポジションに満足しているのか、自分から積極的に知識やスキルを伸ばそうとはしないタイプの人です。

しかし「消極的なメンバーの指導なんてできない」と言っていては、それこそ上司の指導性が問われます。メンバーの自覚を促しながら、やる気を引き出す。メンバーの成長を願いながら、それを支援していく。メンバーが上手な学び方を身につけられるよう手助けするのが上司やリーダーの役目です。

そんな部下には、面談や雑談のなかでまず、「いま、仕事でどんな問題を抱えている？」

と尋ね、それを解決するためにどうすればよいかを聞きます。このとき、「仕事」と「勉強」を切り離して考えないようにすることがポイントです。自分の知識やスキルでその問題を解決できるかも確認します。不足している知識やスキルを高める努力が必要なことも気づかせます。

また「今後、どんなことに挑戦したい?」と聞き、現状にとどまっていないで、先に目を向けさせることも必要です。そして、「何かひとつでいいから、はじめることだよ」とアドバイスします。それには今後、新たにやってもらいたいことなどを上司の期待として示すことが大切になります。メンバーと一緒になって、改善すべき点、強化すべき点は何かなどを話し合い、「いままでの知識や技術だけではこなしきれないかもしれないけど、これには挑戦してほしいし、別の分野にも手を伸ばしてほしい。がんばってみて」と指導します。

ポイントは、「背伸び目標」に取り組ませることです。部下のなかには、「むずかしいからできません」「やったことがないので無理です」と尻込みする人もいます。しかしもちろん人は、できないことをやってみることで、できることが増えていきます。できないことをしないままでいたら、できることはまったく増えません。少しだけむずかしいことにあえて挑戦するからこそ、いまよりも多くのことができるようになり、成長できるのです。だからこそ、背伸びをすれば届きそうなレベルの目標に挑戦させてみることです。あまり先の遠い目標では動き出さない人も、目にみえるところにちょっと背を伸ばせば届きそうな目標があれば挑戦するものです。

しかし少しだけ背伸びをして、挑戦してほしいという期待を伝えても、「やったことがないから自信がないし、たぶんできないと思います」とかたくなに断わる人もいます。こんなときはたいてい別の理由があるものです。その理由が、「勉強はしたいけど、余裕がないんです」ということであれば、「いつでもサポートするから相談して」と支援の約束をして、励ましてみます。「いますぐにはできない」というのであれば、どういう状態・条件が整えばできるのかを聞き、いつまでにどんなやり方で進めるかを一緒に考えます。「教えてくれる人がいない」というのであれば、指導できる先輩をつけたり、学べる環境を提供したりするようにします。

上司や先輩も新しい何かに挑戦している後ろ姿をみせることも時には必要です。上司や先輩も、さらに背伸びした目標に向かって努力しているのだと思えば、部下や後輩も強く影響を受けることでしょう。

# 17
# 研修に参加させる際は事前に趣旨説明を

企業における人材育成は、仕事を通じて学ぶＯＪＴが中心になりますが、仕事の知識や技術を付与するときに、それ専用の研修会や講習会に参加して学ぶＯｆｆＪＴのほうが効率的な場合があります。そうした研修会の講師をしていると気づくことがあります。セミナーに派遣される前に、マネジャーやリーダーから動機づけされていない人がことのほか多いのです。

講師をするとき私は、研修の開始時には必ず「受講目的」を尋ねます。たいていの受講者は、「コールセンターの仕事をしているので、顧客満足度向上について知りたくて参加しました」とか、「異動になったため、その部署で必要な知識を得たいと思い、申し込みました」といった具体的な受講目的を述べますが、「上司が行けといったので」とか、「知らない間に上司が申し込んでいて、受講者票が机の上においてありました」という返事も意外と多いのです。そういうときは、さらに「上司から、これを学んでくるようにといった話はありましたか」「上司から具体的な期待なり希望なりを聞きましたか」と聞いてみます。しかし大半の返事は、「いいえ、別に何もいわれていません」「とにかく行ってこいとしかいわれませんでした」というものです。

研修を進める立場としてみると、これは非常にもったいないことに思えます。社内研修であろうと、社外研修であろうと、少なからぬ費用がかかっています。その費用と研修に参加する時間を有意義に使うためにも、研修目的をきちんとふまえておくことが重要です。上司は部下に無断で申し込みをして、「ただ行ってこい」とだけいい、部下も上司と話し合うこともなく、「命令で仕方なくきたんだ」と思っている。これでは、研修から学べるものは少なくなってしまいます。もちろん講師は教えるプロですから、教室内では、視覚教材を使ってわかりやすく説明したり、仕事と結び付けて話したりするなど、受講者の学習意欲を刺激するさまざまなテクニックを駆使し、工夫を行ないます。でもそれは、受講者が教室に足を踏み入れた後の話です。教室に足を運ぶ前、研修への派遣を決めたときに上司は、研修の意義や目的についてよく伝えておく必要があります。

階層別の研修にせよ、職能別の研修にせよ、あるいは特定の対象者に絞った課題別の研修にせよ、どのような研修であっても、上司は、部下に黙って研修を申し込み、強制的に参加させるようなやり方をすべきではありません。学習目的は何か、どんな研修内容なのか、どういう意図や目的で受講させたいのかを部下に話しておき、本人が納得した上で受講準備することが必要です。

そして前日には、部下に「明日から研修だね。しっかり勉強してきてください。戻ってきたら、報告してくださいね」などと励ましながら送り出してほしいものです。

「上司が勝手に申し込んだ。なんだこれは」というような気分を抱えたまま参加したのでは、どんなに教える側が工夫したところで教育効果は限られたものになってしまいます。

研修のねらいを明確に伝え、本人が納得した状態で研修に臨めば、「きたくてきたわけじゃない」「恒例の研修らしいから、義務として聞けばいい」などという受け身の姿勢はなくなるはずです。「○○を学んでくるように上司にもいわれてきた」と、受講に対する意欲も確実に高まります。

研修を終え、職場に戻ったあとにも上司には大切な役割があります。部下は「受講してきました」と報告をするはずです。上司は、「どうだった？　よくわかった？」などと、研修の様子や学んだことを多少なりとも聞いてみることです。ある上司は、研修に派遣しておきながら、「あれ、そういえば二～三日みかけなかったけど、どこいってていたの？」と尋ねてひんしゅくを買ったといいますが、これでは、部下のやる気はさらに低下してしまいます。

研修が終わったら、簡単な「研修受講報告書」を作成させると効果的です。自分が聞き、学んだ内容をＡ４サイズ一枚程度でまとめていくと、学習内容のポイントが明確になります。それを上司だけでなく、同じ部署内に回覧すれば、一人が学習してきた内容を大勢のメンバーに伝えることもできます。場合によっては、受講してきた人が部門内の会議などの時間を使って、簡単に報告をするというのも復習のよい機会になります。

研修というＯｆｆＪＴから職場でのＯＪＴにうまく移行していくためにも、事前の動機づけや事後の報告は欠かせません。上司は動機づけすることと、終わったらきちんと報告を聞くこと、部下は目的を定めて参加すること、終了後に上司や職場の同僚に報告することが研修の効果を最大限に引き出すためにも大切です。

研修への参加は単に新しい知識や技術を吸収するだけでなく、改めて自分自身を知る機会になったり、自己啓発のきっかけになったり、仕事自体への動機づけになったりします。事前事後に上司がかかわることが研修の意義を一層高めることになります。

# 18 こんな一言でもやる気を刺激する

どんなときにやる気になるのか、どんなときにやる気を失うかは、人によって異なりますが、多くの人がやる気を損ねたり、高めたりするきっかけとしてあげるのが上司の一言です。部下にとって上司の言葉は重いものです。上司や先輩のちょっとした一言が部下のやる気を一気に落としてしまうこともあれば、何気ない一言が部下の意欲に火をつけることもあります。

まずは、やる気がなくなる上司や先輩の言葉です。

ある新入社員は、配属直後、まだきちんとした仕事ができない状態のとき、先輩のある言葉を聞き、おもしろくない気持ちでいっぱいになったといいます。それは次のような言葉でした。

「雑用は全部、新人のAくんにやってもらおう」

確かにAさんはまだ仕事を覚えたてで、先輩からすれば、まさに雑用を担当してもらうしかなかったのですが、しかしそれでもそれを「雑用」と表現するのはいきすぎです。会社はいろいろな仕事で成り立ち、どの仕事も欠かすことはできません。むしろ仕事の一つひとつに意味や意義があることを説明すれば、新入社員は前向きに仕事に取り組んでくれたはずです。「Aさんには○○でもやってもらおう」などという言い方もよく聞きます。これも気をつけたい表現です。

別の若手社員は、先輩に指示された作業を一生懸命こなし、でき上がったものを先輩に提出した際、こういわれました。

「あ、もうこれいらなくなったから、いいや」

事情が変わることはありますが、こんなふうに一方的に方針の変更などを伝えるだけでは、部下は不満に思います。このとき一言「ありがとう」とか「お疲れさま」といったねぎらいの言葉があればまだよかったはずです。いらなくなった理由もきちんと説明してくれれば、後輩もおもしろくない気分をいつまでも抱えなくてすみます。こんな問答無用の言葉を聞けば、たいていの部下はやる気を失って、次回からこの先輩から指示された仕事には真剣に取り組まなくなるおそれもあります。

では、どんなときにやる気が高まるのでしょうか。

ある二十代の女性から聞いた話です。新しい部署に配属になり、緊張しながら仕事に就いていたある日、指示されていた仕事をメールで送ったところ、先輩からの返信には、お礼と内容へのフィードバックとともに、こんな言葉が書かれていました。

「期待どおりの人がうちの部署にきてくれてよかったと感謝しています」

これをみて、彼女はほっとするとともに、期待に違わぬようこれからも一生懸命仕事に取り組もうと決意したそうです。新しい部署で、まわりから認めてもらえるだろうかと不安でいっぱいだった彼女には、このメールが宝物のように感じられたといいます。このときのメールは、何かあったときに読み返してみては、「がんばろう」と自分を勇気づけるのに使っていると話してくれました。

もうひとつ。

こちらは、新入社員のOJTを担当していた先輩社員のエピソードです。職場に慣れてもらうため、新入社員が電話を取ることはどこの職場でも行なわれています。新入社員が電話を取っても、そのほとんどはだれからなのか、どんな用件なのかもよくわからず、へたをすると名指し人がどこに座っているのかもわからないことがあります。それでも電話を何度も取るうちにどんな電話がかかってくるか、だれがどんな用件で電話をしてくるかなど、仕事の内容や流れなどを徐々につかめるようになります。

その部署でも新入社員にはOJTの一環として電話を取らせていたのですが、電話の取り次ぎには慣れていないので、新入社員のBさんは失敗続きで徐々に自信を失い、だんだんと電話が取れなくなっていました。それでも先輩は、「失敗してもいいから、とにかく取ってごらん。それも仕事のうちだよ」と励まします。Bさんはますます緊張して、取り次ぐだけでもしどろもどろになっていきます。ある日、いつもよりは堂々と電話応対をしているBさんに対して、隣でみていた先輩はこういいました。

「落ち着いてやれば、ちゃんとできるじゃん」

Bさんは、「あ、ありがとうございます」と照れくさそうに返事をし、それから急に、電話の取り方に自信をもつようになりました。「ちゃんとできるじゃん」という自然な賞賛の言葉がBさんの心を動かしたのでしょう。若手社員は、こんなちょっとした一言でやる気が刺激されることがあります。そのとき思いついた素朴な言葉のほうが部下や後輩に自信を与えることもあるのです。

19

# 仕事の割り振りは育成のチャンス

ある企業のリーダーたちとの会合で、現場で抱えるいろいろな悩みを聞く機会がありました。なかでも何人かが、仕事の割り振りについて話しました。「気持ちよく働いてもらうために、メンバーに仕事を割り当てるのがむずかしい」「新しい仕事があるけれど、みな手いっぱいなので、どうしたらいいかわからない」というものでした。

人は仕事を通じて成長します。仕事を通して能力を高め、さらに質の高い仕事をめざすことができます。したがって仕事の担当を決める割り振り、仕事の与え方や任せ方は上司にとって部下育成の勘所になります。部下や後輩を育てるよいチャンスなのです。

あるリーダーからは、こんな報告もありました。

いつも上司から下りてきた新しい仕事は自分で細分化し、一人でこなせるタスクに落とし込んだあとでメンバーを集め、「この仕事はだれ、この仕事はだれ」と割り振っていた。しかしこれだと、自分でさんざん考えないといけないことになるし、実際に仕事を振ると、どうしてもメンバーには「割り当て仕事」「やらされ仕事」という思いが残ってしまうように思える。リーダーである自分の意向だけでなく、メンバーの自主性ももう少し引き出したい。そこで、仕事の振り方を変えることにした。大きな塊で仕事が下りてきたら、その時点ですぐにメンバーを招集して、「こういう仕事があるんだけど、これを全員で割り振りたい。どういうふうに分担しようか」と相談する。するとメンバーの何人かが率先して割り振りを考え、「この二つのタスクはひとつにしたらどうですか」「あ、じゃあその部分は私が担当しますよ」「私はこちらならできそうなんで、やります」とメンバーが積極的に手をあげてくれた、と。

このリーダーは、みんなに相談するというやり方があったのだと改めて思うとともに、メンバーはそれに応えてくれるものだし、もっと信用すればよかった、もっと早くから相談すればよかったと反省したそうです。もちろん自分からは「これをやります」となかなかいわないメンバーもいたものの、それでもふだん思っていた以上にメンバーが自主的に仕事を分担してくれたことがうれしかったといいます。リーダーからメンバーに相談してもいいのだと思っただけでもプレッシャーがずいぶん減り、とても気持ちが楽になったとのことでした。

チームのみんなに仕事を割り振るのが上司やリーダーの役目だと頭ではわかっていても、実際は、相手も忙しそうだし、割り振ったら嫌な顔をされるかもしれないしと、それなりに気を遣ってしまいます。公平に負荷分散しなければという思いもあるので、全部自分で整理して、分解して、バランスを考えて指示することになります。へたをすると、じぶんでやったほうが早いなどと考え、自分で全部抱え込むことにもなりかねません。

でも部下や後輩は、たいていは「もっと相談してほしい」「もっと私たちを巻き込めばいいのに」と思っているものです。ホウレンソウ（報告・連絡・相談）は仕事を円滑に進めるための基本ですが、何も部下が上司に行なうだけのものとは限りません。上司も部下にホウレンソウすればよいのです。このリーダーのように、時には思い切って相談することも必要です。

仕事の割り振りについては、前にも述べましたが、任せること自体に抵抗を感じる人もいます。

このときの会合でも、「そもそも任せる気がありますか」と問いかけてみました。参加者のなかには、「確かに自分も抱え込んでいるところがあるかも」「こわくて任せられない気持ちがある」という声がありました。

こんな報告をする別のリーダーがいました。いろいろと考え込まず、仕事を任せてみることにしたところ、数週間後、これまたおもしろい発見をしたといいます。

思い切って、自分の仕事を任せてみるという目標を立てて実践してみた。自分でやっている仕事のなかから、メンバーにできそうなものを選んで任せた。任せるときは勇気が要ったし、任せた後も心配で仕方なかった。でもしばらくしてメンバーからはとてもよい成果物が出てきた。自分がやったらこれほどきちんとしたものができるだろうかと思うほど、とても質のいいものができた。メンバーが知らない間に成長していて、すごくできるようになっていたことを知り、驚くと同時に感動した。まだ若いから、経験がないからと思い込みすぎていたように思う。もっとメンバーを頼りにしていいんだと思った、と。

どちらの例もリーダーが思い切って行動を起こした例です。だめだろうと思っていては何もはじまりません。「できるかもしれない」「できるだろう」とポジティブに考え、行動を起こしてみることです。何か問題があれば、助ければよいのです。心配することはありません。

20

# 外出先にはどんどん後輩を連れ出そう

上司や先輩は、部下や後輩をどんどん外に連れ出すべきです。外出の用事はいろいろあるでしょう。顧客の要望をヒアリングすることもあれば、提案のプレゼンテーションもあるし、こじれた問題のお詫びにいくこともあります。営業、納品、会議、交渉などとその目的もいろいろです。こうした外出先は、部下を育てる絶好の機会です。

社内の人間同士で行なう場合と異なり、対外的な仕事は、必要以上の緊張を生むものです。どんなにベテランで慣れていると思われる人でも、とたんにあわててしまい、うまく対応できないこともあります。そうした意味でも、顧客や協力会社、取引先などとの会合に早いうちから同席させたほうがよいのです。何度も口で説明するより、実際の場の雰囲気を肌で感じることが何よりも勉強になるからです。

若手社員に、「新人時代にうれしかったことは何か」というアンケートをとったことがあります。その際「思っていたよりも早い段階で顧客先に連れていってくれた」「顧客との会議で発言の機会が与えられた」といった対外的な仕事の体験や出張をあげる人が数多くいました。若手は若手で、「うまくはできないかもしれないけれど、実践の場を踏ませてほしい」と考えているものなのです。

上司や先輩は、社外の人と接する場に部下や後輩をもっと連れ出してみることです。心配は尽きないでしょう。もし不安があれば、そのために準備をさせればよいし、一緒に行って、自分のやり方をみせることからはじめることもできます。そうやって部下や後輩には段階的に任せるようにすればよいのです。

外出するときは、まず事前に軽く打ち合わせをします。目的は何か、だれと会うのか、これまでの経緯なども説明しておきます。時間的に余裕をもって行動すること、会社や職場を代表しているという心構えを忘れないことなども伝えておきます。「きょうは、お客様のニーズをヒアリングしにいきます。メールで概要は聞いているけど、直接お会いして詳細をお聞きします。私が仕切るので、こんな場合はどんな質問をすればいいか、お客様とのやり取りをよくみて覚えてください。○○さんのことは、今後、一緒に動くこともあるので部下を連れてきましたと紹介します」などと意識合わせをしておきます。

同行させるのに、まったく打ち合わせなしに連れていっても部下は、「なんのためにここに座っているのか」「何が期待されているのかな」と疑問に思うだけです。打ち合わせや会合が終わったあとは、きちんと振り返りもしておきます。帰社する電車の中などで何を学んだか、何に気づいたかなどを聞いてみるとよいでしょう。

役割を与えて同行させるような場合、部下や後輩にはより大きなプレッシャーがかかります。そんなときには、こんなやり方があります。

顧客との打ち合わせにまだ慣れていなかった新人のころのことです。二年先輩の営業担当者と二人でお客様先に出向き、提案の説明をすることとなりました。提供するサービスの営業的な話は先輩が行ない、製品やサービス内容そのものは私が説明するという役割分担を途中の電車の中で決めました。

すでに同行は何度か経験していたものの、私にとってその日がお客様に説明を行なうデビューの日でした。内容としてはむずかしいものではないとわかっていても、お客様がどんな質問をしてくるかわかりません。ある程度の想定問答集をつくってはありましたが、その場になってどんな質問が飛んでくるのかとても不安でした。

先輩は、そういう私の様子をみて、こういってくれました。

「田中さん、何か合図を決めておこう。お客様の質問に困ったり説明に詰まったりと、とにかく助けてほしいと思ったら、右側の頬をさすってくれる？　たぶんぼくは右側に座ると思うので、右側のほっぺたにそっと手を当ててくれれば、すかさず助け舟を出すから。そうでないかぎりは、自分でがんばってごらん」

「右のほっぺた、右のほっぺた」と呪文のように唱えながら、お客様への説明をこなし、いくつか出た質問にもなんとか回答できました。最後まで頬を触ることはなかったのですが、何かあれば「右のほっぺた」と思うことで大きな自信と勇気を与えられました。自分から進んでやるのは気が重くても、失敗したときの保証があれば動き出せる部下は少なくありません。こんなふうに安全を保証すれば、挑戦を引き出すことができるのです。

人を成長させるために、どんどん社外に出してみましょう。どんなに自席でいい資料をつくっていても学べることには限界があります。顧客や協力会社、取引先など社外の人と会って話をすることで、自社の事業と他社とのつながり、自分の役割と会社全体の仕事との関係などを少しずつ肌で感じ、身体で覚えていくこともできます。社外に出る仕事が少なければ、来社してきた社外の人との打ち合わせなどに同席させればよいのです。部下や後輩の潜在力を信じて、思い切って外へ連れ出してほしいものです。

# 21

# 結果を認めることからはじまるフィードバック

「部下や後輩をもっとほめろといわれるが、ほめるところがみつからない。ほめたいとは思うがどうほめてよいかわからない」と嘆く人がいます。私も実は、ほめるのが苦手です。ほめているうちにだんだん白々しくなるような気がして、相手から、わざとらしいと思われたらどうしようなどと思ってしまうからです。

ほめることができなければ、まず「相手を認める」ことからはじめるのがよいようです。それは、私自身がこんな体験から学んだことです。

二十七歳のときでした。会社から初めてのアメリカ出張を言い渡され、当時、勤務していた会社のアメリカ本社で、アメリカ人にまじって研修を受けました。この研修は、全米の各拠点から講習会などで教える仕事をしている社員を集め、そのスキルを勉強するものでした。

ネイティブスピーカーでないのは私一人でした。英語の講義に不安があったので、テキストを先に入手し、予習してから臨んだものの、研修で話される英語のスピードは想像以上に速く、講義についていくのがやっとでした。研修は、講師が一方的に話すのではなく、双方向で進められました。受講者に問いかけたり、全員でディスカッションしたりと、一瞬たりとも気を抜くことができない講義でした。アメリカ人たちがひとたび話し出すと、もう何を話しているのか、単語を拾って雰囲気で意味を理解するしかできないようなありさまでした。

とはいえ、せっかく日本からやってきたので私は、なんとかしなくてはならないと、朝から晩まで、ひたすら辞書を引きまくりました。講義やディスカッションで出てくる単語を片っ端からメモして、次に発言のチャンスがきたら、その単語をすぐ使うという自転車操業的な方法で受講していました。とにかく落ちこぼれないようについていく。それだけにエネルギーを注ぐ毎日でした。

研修の総まとめとして、一人十五分のプレゼンテーション演習がありました。自分の得意な分野で模擬講義をするものでした。当時、私はＩＴの研修を担当していたので、「ＯＳの操作方法」の導入部分について講義しました。文法も発音も完全に無視して説明し、説明方法すらわからない箇所はホワイトボードに図と文字を書き、なんとかプレゼンテーションを終えました。

研修の最終日。講師が「この五日間の一人ひとりの成果について、フィードバックしあおう」と告げました。椅子を車座のように寄せて、そこで一人ずつ他の参加者から五日間に気づいた点をフィードバックしてもらうのです。私の番になり、講師が「ジュンコにフィードバックがある人？」と問いかけました。何人かの手があがりました。

何をいわれるのだろう。「英語が下手で、何をいっているかわからなかった」「ディスカッションに積極的に参加しなかった」「もっと英語の勉強をしてから参加したほうがよかった」などときついことをいわれるに違いないと、私は身を固くしてフィードバックを待ちました。

実際、私は辞書と首っ引きで講義を聞いていたので、発言はほとんどできませんでした。プレゼンテーションもめちゃくちゃで、アメリカ人の参加者には何を言っているのかわからなかったはずです。「悪い点だらけで、よい点などまったくない」というフィードバックになるだろうと覚悟を決めました。

ところが、クラスメイトのフィードバックは違っていました。

「ジュンコは、五日間ずっと熱心に辞書を引いていた」

「ジュンコは、どんなことでも書きもらすまいとノートをとっていた」

「ジュンコのプレゼンはホワイトボードにたくさん書いたので、理解しやすかった」

五日間の緊張がさっと解けました。「日本語ならいいたいことがたくさんあるのに」と自信を失いかけていた私に、クラスメイトは、私が仕方なく行なっていたことをむしろよい点として指摘してくれたのです。何ひとつ悪い表現を使いませんでした。フィードバックというのは、ここがよい悪いとだけ指摘するものではなく、相手が何をしていたか、どう行動していたかを感じるままに具体的に、ポジティブに表現するのだと知って、目からウロコが落ちました。おかげで苦労も吹き飛びました。


あれが悪い、これが悪いといわれたら、自覚していたことであっても、やはり落ち込んで帰国していたに違いありません。単に「辞書を引いていた」「ノートをとっていた」という行動もきちんと認めて言葉にして伝えてくれたことが、私に大きな自信を与えてくれたのでした。だれでも人に認められる存在になりたいと思っており、認められればうれしいものです。まずは仕事の結果をそのまま認めることが大切なのです。

22

# ほめ言葉を増やしてどんどんほめよう

認めることができるようになれば、次に「ほめる」ことに挑戦してみましょう。部下や後輩を育てるためには、ほめることが欠かせません。部下や後輩のよいところをみつけて、どんどん口に出してほめることが必要です。人はほめられれば、その望ましい行動を繰り返すものだからです。

とはいえ、ほめるのはむずかしいと多くの人が思っています。自分を基準に相手をみてしまうからかもしれません。あるいは自分もあまりほめられた経験がないため、何をどうほめればよいかわからないということもありえます。ほめ言葉がそう簡単にはみつからないのです。

私が担当している研修では、「ほめ言葉をたくさんあげてみましょう」というブレーンストーミングをすることがあります。付箋紙一枚にひとつずつほめ言葉を書き、ホワイトボードに貼り出していきます。十人いればすぐに五十枚、六十枚と付箋紙が貼られると思いきや、一人二枚程度しか書けません。

日本人は一般に、言葉で賞賛をしたり感謝をしたりするのが苦手なようです。ほめることはせずに、部下に何か問題があったときに意見をいったり注意をしたりすることのほうが多いのかもしれません。

どうすれば上手にほめることができるのでしょうか。

そこで研修では、「自分が言われてうれしかった言葉を書いてください」と聞いてみます。すると、付箋紙は徐々に増えていきます。たとえばこんな言葉です。

「おかげでうまくいった。ありがとう」「よくがんばったね。お客さんからもほめられたよ」「あのレポートはよかった」「あなたがいろいろとやってくれたことを知っているよ」「おめでとう」「すごい、よく気づいたね」

これらは、どちらかというと期待以上の成果に対するほめ言葉です。そこでさらに、「では、期待値どおり、つまり期待に対してプラスマイナスゼロという場合はどうでしょうか」と聞いてみます。

この期待値どおりだったときのことを多くの人は忘れています。期待値に対してプラスアルファならほめ、マイナスなら注意したり指導したりすべきと思いこんでいますが、プラスマイナスゼロの領域をほめれば、ほめ言葉は増えます。もちろんほめられれば、部下や後輩はうれしい気持ちになります。「指示どおりにやってくれた」と、ありのままを言葉にするだけでも、部下は「認めてくれた」「みていてくれた」とうれしい気持ちがわき、やる気が増してくるものなのです。

すると今度は、「じゃあ、こんなのでもいいのかなあ……」といいながらまたいくつかの言葉が出てきます。「毎日遅刻せずに時間どおりに出社するね」「書類の字がいつもきれいで読みやすい」「スケジュールどおりに進んでいる。ありがとう」

プラスマイナスゼロの部分も指摘するのはできて当たり前で、相手の行動に満足しているときにもきちんとコメントするということですが、このような表現でもよいのです。当たり前の行動をほめることが、望ましい行動やよい行動を続けてほしいというメッセージにつながるからです。

ほめ言葉をかけたいと思っていても、職場の日常においては、なかなかうまくいかないものです。それでもほめようとすれば、どうしてもわざとらしい言い方になってしまいます。それは普段、言いなれていない言葉を口に出すことに抵抗があるからなのかもしれません。しかしだれでも、ほめられればうれしいのです。頻繁にほめるにこしたことはありません。

先ほどの例のように、自分がこれまでに言われてうれしかったほめ言葉を思い出してみるという方法があります。それはどんな言葉だったか、どういう状況で言われたのか、なぜうれしかったかなどを思い出して、リストアップしてみるのです。それらは、自分が言われてやる気になったという実感にもとづいているため、部下や後輩に対しても言いやすく、効果的な言葉です。

たとえば私が最近、言われた言葉で心に深く響いたのは、引き受けた少々困難な仕事をなんとか成し遂げた後のお客様からの一言です。

「やっぱり田中さんにお願いしてよかった」

確かにがんばったかもしれないけれど、お客様にすれば、あるいは当たり前の成果だったかもしれません。それでも「やっぱり」「お願いしてよかった」という感謝の言葉を伝えてくれたのでした。私にとっては、このうえなく幸せにしてくれる言葉でした。

これは、私の「ほめ言葉の引き出し」に入れました。部下や後輩をほめるときに使うためです。こんなふうに、自分がいただいた数少ないほめ言葉を大切にしまっておくと、いつか役立つことがあるはずです。

言葉はオリジナルのほうがいい。オリジナルでなければ相手に届かないと思う人もいることでしょう。そうはいっても、いいほめ言葉はそう簡単に思いついたりできません。堅苦しく考えず、まずは自分が受け取ったよい言葉をストックしておき、それを今度は自分が使ってみることからはじめます。部下がいつもの上司らしくないと怪しんだら、「前に私が人に言われてうれしかったから、きょうは使ってみたの」と種明かしをしてもよいでしょう。ほめられて悪い気がする人はいません。とにかくほめる練習からはじめてみましょう。

先日、めったに人をほめない同僚からほめられて、驚いたことがありました。思わず「めずらしいね、ほめるなんて」とからかったところ、当人からは大真面目な返事が戻ってきました。

「もう少し人をほめるべきだなと反省したので、ほめる練習をしているところ。練習台になってよ」

こういうふうに自ら行動を変える努力をする人もいるのです。

23

# 相手が納得しなければ問題は改善されない

部下や後輩に対するフィードバックには、プラスマイナスゼロ以上の部分を指摘するほめる行為と、マイナスの部分を指摘する叱る行為があります。

部下や後輩が望ましくない行動をしているときには叱ることも必要ですが、叱られるのはだれでも嫌なものなので、それをどんなふうに行なうかはとてもむずかしいものです。叱られることで一層のがんばりをみせて、大きく成長する部下もいます。叱り方を間違えれば、相手の反発を招くだけで行動の改善には結びつかないことも考えられます。感情的にならずに問題点を指摘し、それを部下に納得させ、なおかつ行動を改善させなければ、叱ったことが次に生かされません。部下指導でめざすのは、相手の行動を望ましいものに変化させることですから、相手の心に響く上手な叱り方をする必要があります。

新入社員だったときのことです。入社したコンピュータメーカーで、三ヵ月ほどコンピュータの基礎教育を受けました。基礎教育といっても、学生時代にコンピュータにふれたことがなかった私にとっては非常に難解で、ついていくことができない内容でした。一ヵ月ほどたったときの講義はさらにむずかしいハードウエアに関するものでした。その時点ですでに落ちこぼれていた私は、説明を聞いているうちに、なぜかだんだんと腹が立ってきました。理解できない自分に腹が立ったのはもちろん、こんなにむずかしい内容を次々教えられても消化しきれないと、カリキュラムを提供してくれている会社に対してもいらいらしてきました。そうこうしているうちに新人だった私は、ふてくされた気持ちを態度に表わしはじめ、講義もかなり投げやりな態度で聞いていました。

講師をしていた先輩は、そんな様子に気づいて「田中さん、ちょっときて」と休み時間に声をかけました。

「どうしてふてくされたような態度をとっているの」と先輩。

「毎日、どんどん高度になってわからなくなっているのに、きょうはハードウエアの知識がテーマで、いままで以上にまったくわからないからです」と、私は正直に答えました。

叱責の言葉が飛んでくるかと思いましたが、きびしい表情ではあったものの、先輩は穏やかな口調でこのように言いました。

「わからないことは仕方がない。新人だし、未経験者なのだから、それはいい。でも、わからないときになぜ怒るの？　わからないことをなぜ、ふてくされた態度で示すの？　わからないなら、わからないと聞きになければ何も変わらないでしょ。ふてくされていても、だれも助けてはくれないよ」

わからないことはわからないと意思表示せよ。態度で表わすな、言葉で伝えよ。自分のことなのだから、自分できちんと申告せよと、先輩は教えてくれたのでした。この言葉は、心にずしんと響きました。大人のくせにふてくされるとは何事か。お給料をもらって勉強しているのだから、わからないことは質問し、納得するまで教えてもらうべきだと納得し、自分の態度を反省しました。

同じく新人のとき、こんなこともありました。あるとき、手書きで提出する「出張旅費精算書」を上司の机に提出しておいたところ、その用紙を手に上司が私の席にやってきました。

「田中さん、ちょっといい。この書類だけど、書き直してくれる」

「どこか間違っていましたか」

「そうじゃなくて乱暴な字だから」

「でも読めますよね」

「確かに読める。でも、この書類はどうみてもいい加減に書いたようにしかみえない。田中さんはもっと読みやすい字が書ける人だよね。もともとくせ字しか書けないというなら何もいわないけど、ちゃんと書ける人がこんな書き方をしているから、書き直してといっているんだ」

私は納得して、すぐに書類を丁寧に書き直し、再提出して承認を受けました。いま考えればずいぶん生意気な新入社員だったなあと思いますが、そんな新入社員も納得してしまう叱り方があるのです。だれに対しても一律に叱ったり、注意したりするのではなく、部下の普段の仕事ぶりと比較して、手を抜いているのか、いつもの力を発揮しているのか、いつも以上なのかといったことまで踏まえて指摘するというのは、相手を素直に納得させます。「普段と違って乱暴に書いているよね」といわれれば、反論の余地がありません。上司は自分をよくみてくれていると信頼感も生まれます。

この出来事はまた深く心に残りました。日ごろから部下や後輩の人となりをよく観察し、納得がいくように話す。それが部下や後輩をより高めることにつながるのです。

24

# 具体的でなければ言葉は伝わらない

いろいろな企業のマネジャーを対象にしたセミナーでのことです。参加者に「どんな人を育てたいですか」と尋ねました。

ある部長が「それはもちろん、プロ意識をもった人間です」と答えてくれました。私が「プロ意識とは?」と問うと、その部長は「プロ意識といえば、プロ意識でしょう」と、ちょっとむっとしました。「具体的に例をあげていただいてもよろしいですか」とさらに尋ねると、「部下の年次によって変わるから、いろいろなプロ意識があります。でもとにかく、プロとしての意識をもてということです」と、さらにむっとして答えてくれました。

このやり取りはその後もさらに続き、この部長の考えるプロ意識とは、「新人なら、給料をもらっている意識を常にもて、お金をもらうことの意味を考えろということだし、中堅なら、さらに自分ならではの持ち味を常に意識して、プラスアルファの仕事をしろということ」だとわかりました。

私は、意地悪をしようと思って問いを続けたのではありません。この部長が自分の考えやイメージをどれだけ具体的な言葉で表現されるのかを確認してみたかったのです。

こういったあいまいな言葉遣いの例は、たくさんあります。「顧客意識をもて」「ビジョンをもて」「チャレンジ精神が足りない」「専門力を身につけろ」などが、それにあたります。こうした言葉は、キーワードのように短くすぱっと言いきることができるため、部下や後輩に対してもついつい頻繁に使いたくなります。

コミュニケーションの中心となるのは「言葉」です。仕事でのコミュニケーションが成立するには、上司の言葉が正しく部下に理解される必要があります。指示や命令をするにも、自分の考えや気持ちを伝えるにも、言葉がきちんと理解されなければ伝わったことになりません。

人は、自分の考えていることが相手にも伝わるはずだと思ってしまいがちですが、言葉の定義は百人百様です。自分の使う言葉が他人の使うものと同じとはかぎりません。上司は、「プロ意識」といえばわかるだろうと思っても、部下が考える「プロ意識」は異なるかもしれません。互いに言葉を定義し共有していないと、そんなことをしてほしかったわけではないのにと上司は思い、部下は、具体的にいってくれなければわからないと反発を感じることにもなるのです。

言葉には、社会に共通な辞書の上での意味だけでなく、それぞれの体験にもとづく個人的な意味づけもあります。だからこそキーワードのように使う場合は、その意味する内容を上司は自分の言葉でわかりやすく説明できるようにしておかなければなりません。それができなければ、それは空虚な掛け声になってしまいます。キーワードであればあるほど、その意味を深く明確につかんで伝えていく必要があるのです。

「顧客意識をもて」というなら、何をどうすることが顧客の立場に立つことになるのか、そもそもなぜ顧客が大切なのか、顧客満足度を上げるためにはどんなことを知るべきなのか、顧客を訪問する場合の注意点は何かなどと、どんどん掘り下げて考え、それを確信をもって具体的に語れるようにしておくべきです。

耳ざわりのよい、カッコいい言葉はしばしば中身のない言葉になりがちです。メンバーが、何をどうすればよいかをいつも具体的にイメージでき、行動に起こせるよう、言葉を具体化させることにこだわってみてください。

25

# 「気持ち、わかる」が相手を救うこともある

上手な聞き手になるためには、話をさえぎらないこと、相づちをうちながら相手の話を聞くことが必要だと述べましたが、もうひとつ大切な聞き方のテクニックに「共感」があります。

共感が大事だというと、「なるほどそのとおりだ」と同意してくださる方と、「いちいち部下や後輩の話に共感なんてしていられない」と反論される方に分かれます。共感というと、相手と同じ気持ちにならなくてはいけないのだと思い、抵抗があるのでしょうか。心理学では、「共感的理解」という言葉を使うことがありますが、これは、同じ気持ちになるのではなく、「あなたの気持ちは受け止め、理解しましたよ」と相手に伝えることを指します。同じ気持ちになれるなら、それでいいし、同じ気持ちになれないなら、せめて「あなたの気持ちはわかりましたよ」といってあげればいいのです。

仮にみなさんが、だれかに愚痴をこぼしたとします。そのとき相手が「愚痴ったって、

なんにも解決しないよ。こうしたら」とか、「しかしそれは見方で変わるんじゃないの。これを試してみたら」などといったら、どう感じるでしょうか。「そうかもしれないけど、でも……」と相手に反感をもつはずです。それは、「気持ちが通じなかった」と感じるからです。このとき、たとえば「なるほどね、それは大変だね」と応じたとしたら、その後に続く「こうしてみたら」「これを試してみれば」という言葉も耳に入りやすくなります。

部下や後輩は上司に共感してほしいのです。共感するとは、言葉そのものの意味を聞くよりも、その言葉を発している相手の心を聴き、理解するということです。

こんなことがありました。後輩からメールがきました。
「最近、やる気が低迷しています。何をやってもうまくいかないし、真剣にやればあちこち壁にぶつかるし。この間の案件も……」

普段は明るく元気な人です。部署内ではベテランの部類に入る彼がこんなふうに愚痴るのはよほどのことだろうと考え、私はこう返信しました。
「その気持ち、わかる」

後で聞くと、この一言に彼はぐっときたそうです。なんだか悶々とした気持ちを抱えているときに、「気持ち、わかる」というメールがきて、すごく救われたとのことでした。

それで気づいたことがあります。彼に必要だったのは、「こうしたらいいんじゃないの」というアドバイスでも、「落ち込んでいたらだめじゃない。こっちの方法はやってみたの？」という説教でもなく、単に共感の言葉だったのだと。

私たちは、相談をもちかけられたり、悩みを打ち明けられたりすると、どうしても彼や彼女の問題を解決してあげたいと意気込みます。場合によっては、「そんなことといってちゃだめだよ」と否定し、諭したくもなります。解決策を提示するにしても、ダメだよと説教するにしても、それは善意からです。親切心から、「こうしたら」「ああしたら」といってしまいがちです。でもこんな場合は、その善意や親切心は通じないことが多いのです。

何年も前のことです。私がお客様に理不尽なことで叱られ、憤慨して職場に戻ったとき、上司に、「どうだった？」と声をかけられました。興奮していた私は、上司に向かって、「お客様にひどく叱責されました。「わかってんの」と言われたんですよ。いくらなんでもひどすぎる」と必死に訴えました。上司は、口を挟むことなくじっと聞き、最後に、「そこまで言われちゃったんだ。それは大変だったね」と微笑みながらいいました。

その一言で、肩に入っていた力が抜け、われに返りました。

「あ、すみません。思わず興奮して一気にしゃべってしまいました。考えてみれば、言い方はともかく、お客様にも一理ありました。悔しかったのでつい……」

上司は、「そういうことあるから、いいんだよ。で、具体的な状況とかを説明してもらってもいい？」と質問されました。落ち着いた私はやっと冷静に事情説明ができるようになりました。もしこのとき、上司が「まあまあ、大人なんだから、そんなに怒らずに。事情を先に説明してよ。怒ってたって、仕方ないでしょ」といっていたらどうでしょうか。

コミュニケーションにおいては、「内容」と「感情」の両方をやり取りしています。冷静に話すときは、内容の割合が大きく、憤慨していたり、喜んでいたりするときは感情の割合が大きくなっています。話し手の喜怒哀楽が大きくなっていたら、聞き手は内容よりも先に感情のケアからはじめたほうがよいのです。大きな割合を占めている感情に共感を示すことで、感情の割合を小さくし、内容で話せる状態にまでもっていくわけです。

部下や後輩の愚痴にそうそう付き合っていられないと思う気持ちもわかりますが、その先に大切な内容が隠れているかもしれません。共感することもまた上司や先輩の役目だと思い、部下や後輩の気持ちを受け止めたいものです。

26

# よいモデルがあれば後輩はまねをする

上司や先輩は、自分が思っている以上に部下や後輩に影響を与えているものです。部下や後輩は、上司の言動をよくみています。いろいろな言動をみて評価し、ぜひ見習いたいと思ったり、あんな先輩になりたくないなと思ったりしています。

入社二年目か三年目で新入社員のＯＪＴ指導を任されると、後輩ができたうれしさを感じる反面、自分も未熟で、教えられるほどの知識も技術もないと不安にも駆られます。では入社十年、二十年になっていれば、若手の育成指導は楽なのかといえば、そうとも限りません。世の中は刻々と進歩していて、十年前に学んだことがどれほど現在でも通用するかわからないからです。となれば、社会人経験が十年になろうと二十年になろうと、常に勉強し続けていなければならないということになります。ことに部下や後輩の育成指導をする立場にある人、部下や後輩からみられる立場にある人はなおさらです。

部下は、自分にとってよき模範となる人の行動をまねる傾向があります。三十代になったばかりのころの思い出です。

当時の社長は、社内で一人、異質の仕事を担当している私を何かと気にかけてくれていました。たとえば私の席にやってきて、「田中さん、ちょっと本屋に行かない？　ついてきて」と仕事中に本屋に連れていってくれることが時々ありました。「さっきこの本を雑誌でみたんだけど、これ田中さんの仕事に役立ちそうだから読んでみたらどうかな」と、二〜三冊の書籍を買って手渡してくれました。それは経営書であったり、人材育成に関する本だったり、心理学の本であったりと分野はさまざまでしたが、私が読んだことのないような著者のものばかりでした。

こうして買い与えられた本は、当時の私にはむずかしいものばかりでした。ただむずかしいからといって読まないのでは私の沽券にかかわるとばかりに毎日、自宅で二時間ほど読書の時間を決めて読破しました。読後には、むずかしいながらもいろいろな言葉が頭に残りました。読み終わったことを報告にいくと、「そう、よかったね」とだけ言われました。そしてまた別の日、今度は、「ぼくはこれを読んだから、あげる。読んでごらん」と、厚さが四センチもあるような経営書を渡されるというように、たくさんの本を読まざるをえないような状況におかれました。社長が読めという本は、とてもレベルの高い本で、分野も多岐にわたりましたが、負けず嫌いも手伝って、私はくらいついていきました。いわれた本はどんなものでも、わからないなりに全部読み通しました。

数年して、そのときがんばって読んだものが仕事で非常に役立っていることに気づきました。三十代半ばになると、打ち合わせで話す相手が顧客先の部長や役員になることも増えてきました。その際に、社長に薦められて読んだ本の知識が活きていることを実感したのです。「あれは数年後を見越して、ちょっと背伸びをしてでも読書をせよという教えだったのだ」とわかったのです。

社長はその後、引退され以後、本を薦められることもなくなりましたが、一年ちょっとの間に「読め、読め」といわれたことで、多くの本を読む習慣ができました。それはまた私からみれば、読書に関して社長はよき模範になっていたのでした。

このことがきっかけとなって私は、それまで以上にいろいろなことにアンテナを立てておこうと思うようになりました。読書も、興味や関心がある分野のものだけでなく、あえて手にとったことのない分野の本を読む、読んだことがない書き手のものを読むことを心がけるようにしました。本だけではありません。社外に出て、講演やセミナーにもどんどん参加するようにしてきました。

自分のことだけではありません。部下や後輩のためになると思えば、積極的に人と引き合わせるようにしました。「こういう人に会うんだけど、一緒にいかない？」「こういう勉強会があるんだけど、参加してみない？」と声をかけます。

そうやって情報や場の提供ができる上司や先輩は、きっと部下や後輩に大きな刺激を与えます。私が上司や先輩にそうされて多くの刺激を受けたように、今後は自分が後輩たちのために同じことをしていこうと思っています。「なんでも知っているし、いろいろな情報を提供してくれるので見習いたい」と思われるような人でいたいものです。数多くの上司や先輩のなかに、「この人のようになりたい」「この部分をぜひ盗みたい」などと尊敬したり、あこがれたりする部分をみつけられるのは部下にとっての大きな幸せです。

おもしろいことに、部下や後輩に情報提供し続けていると、逆に「こういう記事をみつけましたよ」「このセミナー、行ってみませんか」と、教えられることも増えてきます。

同じ仕事をしていても、人によって立てているアンテナは異なります。上司と部下、先輩と後輩が、仕事の上で刺激しあえる関係になれたら、これ以上のことはありません。

## 27

# 「体験」を語るなら成功した話より失敗談を

上司や先輩に対して、部下や後輩が「そんなことを聞かされても……」と戸惑うもののひとつに自慢話があります。

ある人の話です。自分のキャリアについて悩んで、部長に相談しました。部長は、最初こそ「ふむふむ」と聞いてくれていたものの、途中からは自分で一方的に話すようになり、いつの間にか話は自分の若かった頃へと移っていきました。いかに努力していまの自分になったか、どれだけ多くの成果をあげて会社に寄与してきたかの手柄話でした。気がつくと、相談の中身はどこかへ棚上げされていました。確かにアドバイスのいくつかは、なるほどと思うものがあり、そう考えてみる方法もあるなと思ったものの、さんざん昔話に付き合わされることになり、後味の悪い思いを抱いたそうです。

相談事に限らず、若手のこんな声を聞くことがよくあります。

「上司と飲みにいくと、最後は必ず自慢話と説教だからな。間違いなくこの二点セット」

「この間の打ち合わせは最初から最後まで説教だった。モチベーションは下がりっぱなしだよ」

たいていの上司や先輩は、部下や後輩より社会人歴が長く、それ相応のキャリアを積んでいるはずです。多くの体験をしているので、それを語りたくなる気持ちは十分理解できます。とはいえ部下や後輩にとっては、役立つ体験談とあまり役立たない体験談がありますす。自慢にしか聞こえないもの、その挙げ句、教訓を押しつけるようなものは役立たないだけでなく、嫌われるだけです。

実際、部下や後輩は、上司や先輩の体験談から多くのことを学びます。

「昔、部長も上司とケンカしたことがあったとわかった。めげずに苦労を乗り越えてきたんだなあ」

「先輩も若い頃はいろいろな失敗をしたのか。自分もこの失敗をちゃんと教訓にしていくようにしようと考え直した」

要は、内容と伝え方です。成功した話、ほめられた話などは、そればかりだとどうしても自慢に聞こえがちですし、話しているほうもついつい最後は「だから、お前もがんばれ」と叱咤激励したくなってしまいます。それよりも失敗した話、苦労に立ち向かった話は、具体的であればあるほど、臨場感をもって部下や後輩の胸に響きます。

六十歳近くなってから自分で会社を興し、社長として人材育成のコンサルティングを行なっている方の話です。あるとき、大手企業を定年前に辞めて起業した理由を聞いたところ、詳しく話してくれました。

「五十代になったばかりのころ、自分が会社でやり残したことはなんだろうと考えてね。書き出すと十項目あったので、それを三年で成し遂げようと決めた。幸い全部をやり遂げたので、今度は、もし退職して自分で何かをはじめるとしたら何ができるだろうかと書き出してみた。やりたいことを絞り込んでいったら、いままでの経験を生かした人材育成をやりたいなあと思った。六十歳で定年退職してから起業するのでは体力的に不安がある。五十代半ばのいまならできるかもしれないと思ったので、五年前に起業したわけなんです」

こんな話をとても楽しそうにしてくれました。私と同業ともいえる人生の大先輩のキャリアについての考えと決断を聞き、とても刺激を受けました。この話は、自慢でもなければ説教でもありません。自らの体験をそのときの思いとともに話してくれただけです。それでも私に、改めてキャリアについて考えるきっかけを与えてくれました。

ある五十代のITエンジニアの先輩からは、こんな失敗談を聞かせてもらったことがあります。いまでは大勢の部下を抱える彼が二十代の若かりし頃、顧客に叱られた話です。

顧客にヒアリングしていたとき、むずかしいと思われることをいわれるとついつい「それは無理です」「それはできません」と返答した。何度も同じセリフを繰り返していると顧客が怒り出し、こんなふうに叱られたというのです。

「きみたちエンジニアは、何かというとそれは無理です、できませんと言う。私たちはITの技術に関しては素人みたいなもので、何がどうできるかなどわからない点がある。この部分をこういうふうにしてくれればできます、この条件を考えてくれれば可能性がありますというならわかる。私たちがやりたいことを実現する手助けをしてくれるのがきみたちの仕事ではないのか。二度とできないなどと言うな」

この顧客の言葉をきっかけとして、彼は自分自身のヒアリングの仕方、顧客との向き合い方を学んだといいます。「それ以来、できません、無理ですといわないように考え方も話し方も工夫している」と話してくれました。

自分の体験談を同じ目線で語ってくれるとき、部下や後輩は共感し、そこから多くを学ぶのです。

## 28

# そっと見守ることが大切なときもある

上司や先輩には、部下や後輩に対してのカウンセラー役も求められます。部下の心理的な問題や悩みについて、できる範囲で援助することがそれです。「なんのケアもなくほってておかれた」「困っているときに助けてくれなかった」などと、自分がかまってもらえないことを不満に思う部下は少なくありません。上司や先輩は、部下や後輩をよく観察して、精神的な支援をこまめに行なう必要があります。

部下の心理的な問題を援助するという場合、介入するだけが方法ではありません。黙ってそっと見守ることも時には必要になります。

それは、私がまだ二十代のころのことです。私のチームに、とても元気のいい後輩がいました。彼女は、とにかく明るくいつもニコニコしていて、何事に対しても好奇心旺盛、果敢に挑戦するような後輩でした。彼女の不機嫌な顔はみたことがありませんでした。彼女がいるだけでチームの雰囲気が明るくなりました。

ある日の夕方、彼女が私の席の近くにやってきました。私の席は、オフィスの端にあり、たまたままわりは全部、空席でした。その空席のひとつに彼女は音もなく座りましたが、何やら様子が変です。どうやら泣いているようです。

「どうしたの？」と思わず聞いてしまいましたが、彼女はその質問には答えず、小さな声で、「しばらくここにいてもいいですか」と言いました。

私は自分の仕事に戻りました。隣の席では、静かに静かに泣いている彼女がいました。十五分ほどたったでしょうか。彼女は立ち上がり、私のそばにきて、「どうもありがとうございました」とぺこんと頭を下げ、去っていきました。

何があったのかは、その後も聞きませんでしたし、彼女も何も言いませんでした。その日は、彼女にはお客様先でのプレゼンテーションがあったので、そこで何か不本意なことがあったのかもしれません。プレゼンテーションがうまくできなかったのかもしれないし、お客様にきびしいことをいわれたのかもしれません。ほかに理由があったのかもしれません。泣いていた理由はわかりません。

よく「職場で泣いてはいけない」といわれますが、泣くことは心のカタルシスになります。カタルシスとは浄化という意味で、簡単にいえば「すっきりする」ということです。だれでも涙が出てしまうことは起こるものです。怒りか悔しさかふがいなさか、理由はそれぞれでしょうが、意思に反して涙が出ることはあります。彼女も何かがあって、涙が出てきたのでしょう。

ともあれ彼女は、何を訴えるのでもなく、ただ静かに泣いて、心にある何かを自分なりに処理して自席に戻っていきました。こういうとき先輩は、ただ見守るだけでよいのだと悟りました。「大丈夫？　聞いてあげるからなんでもいってって」などと言いたくなりますが、もしかすると当人は話したくないかもしれませんし、こんなときは、黙っていても上司や先輩の共感は伝わるものです。そっと見守るだけで十分なのです。

見守ることの大切さは、部下が泣いているような場合だけではありません。たとえば新しい仕事をするために、多くのことを勉強しなければならなくなったときも同じです。

人が何かを学習する場合、ある程度成長していくとプラトー状態（高原状態）がやってきて、いくらがんばっても上にいけない、頭打ちになってしまったように感じる段階があるといわれます。それをあきらめずに勉強し続ければ、そのプラトーの先はまた上向きに伸びていくのですが、学んでいる当人には途中のプラトー状態がとてもきついのです。

後輩を研修の講師に育て上げるために計画を立てて、取り組んでいたときのことです。勉強をしはじめたころは、まさに右肩上がりに伸びが実感できるような成長ぶりを示していました。しかししばらくすると、さえない表情をするようになりました。「元気ないみたいだけど」と声をかけると、「大丈夫です」と答えましたが、「あれもこれもわからなくて、ちょっとパニック状態です。夢にまでみます」と暗い顔で付け加えました。私からみれば、彼は順調に成長していて、多少の停滞があって時間がかかったとしても、全体のスケジュールに影響が出るとは思えない程度のことでした。高原状態がやってきたのです。私は、だれが何をしてあげてもだめだ、自分で自分と戦わないといけない時期だと判断し、こう言いました。

「いまのがんばりを続けていれば、そのうちきっと目の前が開ける時期がくるよ。私たちもみなその道は通ってきたから、保証する」

そのときは、私の言葉を気休めにすぎないと思ったようでしたが、実際に半年もしたら、そのときがうそのように、晴れやかに仕事にあたるようになりました。こんなときも、やはり上司や先輩は、そっと見守るしかないのです。

## 29

# 部下や後輩からみてカッコいい上司になる

ある人の話です。

若い頃、「ある程度の年齢になったら、服装をきちんとしろ。持ち物もそれなりのものを揃えろ」と上司にいわれたそうです。「長く勤めてもこの程度の服装しかできないのかと部下や後輩が夢を抱けなくなるから」という理由からだそうです。現在は、長く勤務しても給料が自動的に上がっていくとは限らない時代ですから、このアドバイスは現実に照らすとかなりきびしいものかもしれません。でも、この上司のいいたいこともよくわかります。

職場で、上司や先輩の服装や身だしなみは案外よく話題にされます。「なんだろ、うちの上司が同じネクタイを三日もしてくるんだけど。替えればいいのに」「あの先輩、いつも寝癖。もうちょっと身だしなみに気をつけてくれないかなあ」などと、部下や後輩は細かいところをみています。

もちろん「あの先輩、おしゃれだよね。すてきなスーツをさりげなく着ている」とか、「いつもズボンにびしっと筋がついていてカッコいい」というように、魅力的にみえるときも話題にのぼります。上司がカッコいいかどうかは、部下にとって大きな関心事です。

まず身だしなみは、高級なものというより、きちんとしたものであることが必要です。よれよれのスーツ、擦り切れたワイシャツ、はげかかったマニキュアなどではなく、さっぱりしたきれいにみえる格好をしていてほしい、上司と出かける際に、同行した部下として恥ずかしくないようにしていてほしいなどと、部下は思うものです。

仕事ができる人は、身だしなみがきちんとしているともいわれます。あるリーダーは、リーダーに任命されてから、「カッコいいリーダーでいよう」と決意し、服装や身だしなみに気をつけるよう心がけました。見た目からはじめようと思ったからだそうです。部下からみれば、ファッションそれ自体も問題ですが、それよりも年齢にかかわりなく身ぎれいにしていようとする気持ちがあるかどうかが大切なのです。

部下や後輩は、上司や先輩の言動もきびしくみています。

入社三年目の人の話です。三十代半ばの上司と外出したときのこと、はじめての同行で緊張していましたが、移動の電車のなかで、普段できない会話もできるのではないかという期待をもっていたそうです。ところが、電車に乗り込むと同時に上司は、ビジネスバッグから週刊漫画を取り出し、やおら読み出したといいます。それだけではありません。厚さのある漫画本を手だけではもちにくいのか、大胆に組んだ足の上において読みふけったというのです。彼女は帰社後、私にこういいました。

「はじめての外出はとても勉強になりましたが、上司が、漫画を出して読みはじめるんですよ、こちらはいろいろ打ち合わせなどできるかと思ったのに。第一、車内で漫画を読まれて、一緒にいて恥ずかしかった」

「漫画くらいいいじゃないですか」と思うかもしれませんが、それは時と場合によります。移動時間とはいえ、仕事中です。「上司が漫画はないでしょ」と思うのは当然です。会話の機会と思っていた部下に対して漫画を読んでいたのでは、部下によい印象を与えるはずはありません。

カッコいいか、カッコ悪いかはいろいろな場面で上司を判断する物差しになります。金銭についても「身銭を切る」かどうかでカッコよさをみています。

一般に、ケチな上司、ケチなリーダーは「ケチだ」ということだけで評判になりやすいものです。部下やメンバーを自分から誘っておきながら、いざ支払いの段階になると十円単位までワリカンにするなどは評判の悪い行為の筆頭です。一方で、出張先からお土産を買ってきてくれたとか、残業していたら差し入れをもってきてくれたなどは、部下や後輩がうれしかったこととして記憶にとどめていることも多いのです。

現に私が、研修などで「やる気が高まったとき」というアンケートをとると、若手・中堅社員から必ずあがる項目に「残業していたらおやつを差し入れてくれた」とか、「食事をおごってくれた」といったものが含まれるのです。

「懐具合は部下やメンバーとさして変わりがないのに、そんなにおごれない」と思うかもしれませんが、部下やメンバーはそうはみていないものです。いつもとはいわないまでも、宴会のときは少し大目に支払うとか、出張したら三回に一回くらいはお土産を買ってくるとか、できる範囲でよいのです。そういう「身銭を切る」行為をみて、部下やメンバーは、「ああ、気にかけてくれている」と感じます。そして自分がその立場になった暁には、今度は自分も部下やメンバーに同じようにしたいなと思うようにもなることでしょう。

## 30

# いつでも相談できる「教え仲間」をもつ

教え育てるというのは、本当に根気のいる仕事です。もちろん自分が教え育てた部下や後輩がいつの間にか成長してくれて、ずいぶんと頼もしくなっていることに気づいた瞬間などに、大きな喜びを感じることもあります。でも、そこに至るまでは苦労の日々の連続です。

自分が簡単にできること、わかることを部下に理解させるために、どれほどのステップを踏まなければならないことでしょう。やっとわかってくれた、もう任せて大丈夫と思って安心していると、とんでもない誤解をしたままだったことが後でわかる。あれほど手取り足取り教えて、何度も確認したはずなのにと、がっかりすることもあります。

そういうとき、後輩の面倒をみるのは大変だと思い、「部下は部下で勝手に育ってくれればいいのに」とつい投げやりな気持ちにもなります。なかには「自分だけが貧乏くじを引いた。他の部署に配属された部下や後輩はすんなり育つのに、自分のところにきた若手はなんだか思っていた以上に手間がかかる。なんで自分だけが……」などと、思うこともあるかもしれません。

そこまでは思わなくても、「後輩の指導にとられた時間があれば、あの仕事もこの仕事も片付けることができたのに」とスケジュールが狂ったり、残業が増えたりすることをうらむ人がいるかもしれません。しかし人を教え育てるのは元来、エネルギーを消耗するものなのです。

そんなときは、同じ立場にいる人をまわりに探してみることです。「教え仲間」です。社内でも社外でもよいので、だれかにちょっと愚痴ってみます。愚痴をいうのがカッコ悪いと思うなら、単に相談するのでもよいでしょう。すると意外なことに、話した相手も実は同じことに悩んでいたり、似たような体験をもっていたりすることに気づくはずです。「なんだ、自分だけじゃないんだ。手間がかかるのはどこの部署でも同じなんだ」と。

以前、後輩の指導に自分の時間をかなり割かれていた時期があり、それを何かの会合で一緒になった異業種の方たちに話したところ、年上の先輩たちにこんなことをいわれました。

「本当に大変だよね、部下の育成は。自分がやったほうが楽だと思っちゃうしね」

「その話はもう三回目だぞと思うことを何度でも聞いてきたりするしね」

「ああ、だれもどの職場でも似たような経験をしているんだな」と安心しました。それだけでなく、そんなふうに共感してもらえたことをうれしく感じました。自分だけの苦労ではないこと、多かれ少なかれ困難がともなうものだとわかっただけでも、肩に入っていた力がすっと抜けました。

猪突猛進型で突っ走っていく後輩をたしなめたいと思ったことがありました。まわりをみずに独りよがりに動きすぎてしまうことがあるのをモチベーションは下げずに直したい。それには、どんな言い方をすればよいだろうと迷いました。こんなときにも教え仲間なら相談できます。

自分が思っていたのと同じ言い方をすすめてくれる人もいたし、まったく異なる観点でアドバイスしてくれる人もいました。そうやって何人かに相談しているうちに、自分がその後輩とどう向き合えばよいのかが少しずつ明確になってきます。

いろいろな意見やアドバイスは聞きましたが、それで頭の整理がついた結果、最終的には後輩に、私自身の言葉で伝えることにしました。「あなたがすごくがんばっていることは私だけでなく、まわりもいつも感心している。どんどん積極的に行動することはいいことです。ただしひとつアドバイスするとしたら、だれもがあなたのようにハイペースとは限らないことを常に心のどこかで意識していてほしい。そうすれば、もっといい仕事ができるようになると思います」と。

またあるときは、こんなアドバイスをいってくれる人がいました。

「人を育てるのは時間がかかるだけでなくて、精神的にも磨耗する。だから自分にまず余裕をつくらないと穏やかな気持ちで後輩たちに接することができないよね」

なるほど、そのとおりです。いらいらと教えていては、教わる後輩もその気配に気づき、おどおどしてしまうかもしれません。何度もそのようなことが続けば、もう上司には質問にも相談にもこなくなることでしょう。教える側が相手を表情や態度で威嚇してはいけない、気持ちに余裕をもつこと。もしそれができない状態であれば、「いまは忙しいのでごめんなさい。一時間後であれば、時間取れるからそれまで待てる？　緊急だったら、いま五分くらいなら話せるけど」などと、対応する姿勢を示すべきです。

自分のまわりに何人の教え仲間がいますか。大勢いれば、それだけ助けてくれるネットワークが張りめぐらされていることになります。教え仲間を大切にしてください。

田中淳子

たなか・じゅんこ　トレノケート株式会社人材教育シニアコンサルタント。産業カウンセラー。国家資格キャリアコンサルタント。1986年上智大学文学部教育学科卒業。日本DECを経て、現職。著書「現場で実践！若手を育てる47のテクニック」「ITエンジニアとして生き残るための“対人力”の高め方」（日経BP社）など。
ブログ「田中淳子の“大人の学び”支援隊！」
Facebookページ：TanakaJunko

はじめての後輩《こうはい》指導《しどう》
－知っておきたい育て方30のルール－

著　者
田中　淳子

発　行
2006年 9月20日　第1刷
2020年10月20日　第5刷

発行者
輪島　忍
発行所
経団連出版
〒100-8187　東京都千代田区大手町1-3-2
経団連事業サービス
電話　編集03-6741-0045　販売03-6741-0043

印刷所
精興社

ISBN 978-4-8185-2604-4 C2034